Classichoice
Word Search Series:

Curious Kids' STEM Word Quest

Written, edited and designed by Classichoice, LLC.

ISBN: 9798618155700

About This Book

Have your child uncover the treasures of STEM with **Curious Kids' STEM Word Quest**: What causes a sonic boom? Why are flowers bright and colorful? What are traits of amphibians? These are some of many questions answered in this engaging word search for the curious STEM student.

Children can explore the important vocabulary terms found in an array of STEM fields in an entertaining format appealing to everyone. In this compilation of 80 word search puzzles, kids can find hours of amusement away from the distraction of electronic devices. With topics including hibernation, migration, energy, space science, human health, and ecology, each section discovers interesting facts about STEM fields with related terms to uncover in the word search. All topics of the 12 sections are listed and identified in the table of contents, and complete solutions are located at the end of the book.

How to Use This Book

The words are hidden in a number of directions: horizontal, vertical, left diagonal ⬊ , and right diagonal ⬈ .

The solutions to all the word searches can be found in the final pages of the book starting at page 86.

About The Authors

Classichoice Books began with a group of parents' desire to keep their own children engaged in their learning journey at home and away from school. Since its initial book of sight words for kindergarteners, **Classichoice** has developed books from kindergarten level to fifth grade in areas including vocabulary, handwriting, reading, language, and math and word search books for both kids and adults.

The **Classichoice** authors, under the leadership of co-founders Sean McCann and Emmy McCann, continue to create challenging workbook activities for both adults and children. With a specific expertise in science and literacy, Sean has been a certified teacher for over two decades in New York City and trains teachers in staff development workshops. He has been selected for fellowships as a STEM Teacher-Scholar at Columbia University and Math for America Master Teacher.

Table of Contents:

1

Gravity Of The Matter

Even if two objects have different weights, the force of gravity will make them travel at the same speed. This property of gravity was first demonstrated by Galileo.

- ASTRONAUT
- EARTH
- FALL
- FLOAT
- FORCE

- MASS
- MOON
- ORBIT
- PULL
- WEIGHT

S	O	R	B	I	T	A	N	T	A	F	O
E	D	S	M	H	E	R	V	S	U	R	F
H	E	F	A	L	L	C	T	P	T	W	A
E	R	H	S	O	A	R	L	A	H	E	B
A	S	C	S	P	O	R	E	B	E	I	E
R	I	O	I	N	C	R	H	E	V	G	N
T	N	D	A	W	R	F	S	R	E	H	D
H	D	U	M	O	O	N	T	M	R	T	E
R	T	I	D	R	M	O	T	P	B	R	T
V	K	N	C	E	S	Y	D	E	U	E	T
U	N	E	M	I	G	J	W	I	E	L	A
S	A	L	E	F	L	O	A	T	A	V	L

2

Magnetic Attraction

Before GPS satellites were invented, the magnetic compass was used to find the force of the Earth's magnetic fields. It still is used today to tell us what direction we are facing.

- ATTRACT
- BAR MAGNET
- COMPASS
- FIELD
- IRON

- METAL
- NAILS
- NORTH POLE
- PULL
- SOUTH POLE

N	V	C	N	A	I	L	S	H	C	S	A
A	O	I	I	N	K	E	R	T	O	Q	D
L	E	R	D	T	G	E	E	U	M	N	E
B	R	O	T	O	U	R	T	N	P	T	G
A	E	N	O	H	O	H	F	S	A	S	S
R	R	M	N	A	P	E	I	I	S	A	E
M	T	G	T	O	Y	O	E	E	S	V	M
A	I	A	L	W	E	V	L	D	R	E	T
G	S	E	V	P	L	O	D	E	T	M	A
N	T	G	U	E	N	H	E	A	I	T	H
E	E	L	I	N	M	E	L	N	W	E	R
T	L	Y	E	A	T	T	R	A	C	T	N

3

A Simple Machine

Simple machines are perfect at doing simple tasks. When they are combined, they become complex machines. For example, scissors are a complex machine -- they use a wedge and lever.

- AXLE
- CAR JACK
- FULCRUM
- LEVER
- PULLEY

- PUSH
- RAMP
- SEESAW
- WEDGE
- WHEEL

H	P	S	P	V	E	R	S	A	W	E	F
A	U	T	U	N	W	E	D	G	E	I	U
B	S	O	C	S	H	R	A	M	A	N	L
E	H	P	A	X	L	E	R	S	T	E	C
N	A	I	R	A	I	N	E	E	V	D	R
S	I	E	J	N	O	T	C	E	N	G	U
P	P	O	A	T	N	T	R	S	E	O	M
S	U	P	C	F	F	O	O	A	R	F	A
P	E	L	K	R	L	M	V	W	E	R	D
E	N	C	L	O	E	R	A	M	P	F	I
E	W	H	E	E	L	O	W	I	N	T	E
D	I	N	G	M	Y	A	G	A	I	N	R

4

In Motion

Unlike earth, space has no gravity. This causes objects in motion to stay in motion because there is no force, like gravity, to stop them.

- ACCELERATION
- DISTANCE
- FRICTION
- MOTION
- POSITION

- SPEED
- SURFACE
- TIME
- VELOCITY
- ZIGZAG

A	U	N	S	U	R	F	A	C	E	R	N
R	C	D	F	T	V	R	E	S	T	R	I
M	O	C	R	I	Z	I	G	Z	A	G	C
O	V	S	E	O	I	F	D	E	R	D	T
T	E	R	O	L	L	N	I	M	F	S	P
I	L	I	M	N	E	O	S	C	R	I	O
O	O	T	T	T	C	R	T	O	I	R	S
N	C	E	I	U	E	S	A	N	C	E	I
O	I	F	H	M	P	N	N	T	T	H	T
U	T	N	E	E	E	O	C	C	I	T	I
N	Y	I	E	A	N	I	E	E	O	O	O
T	A	D	M	T	S	T	O	G	N	A	N

5

See The Light

Light travels at different speeds through different substances, such as air, water, and glass. This is why light rays appear to bend or refract through a glass of water.

- GENERATE
- OPAQUE
- RAY
- REFLECTION
- REFRACT

- SHADOW
- SHINE
- SURFACE
- TRANSPARENT
- WAVE

R	R	E	F	L	E	C	T	I	O	N	P
R	E	L	T	H	Q	U	I	F	O	A	T
E	M	S	U	R	F	A	C	E	P	R	S
F	E	I	L	A	S	T	F	O	A	A	W
R	N	D	V	E	L	R	I	N	Q	R	A
A	D	U	S	T	S	O	S	U	U	T	V
C	E	R	D	H	C	P	O	R	E	S	E
T	S	E	I	P	A	U	N	T	V	Y	I
R	P	N	N	R	I	D	A	E	E	A	T
O	E	S	E	L	A	C	O	E	N	D	R
G	E	N	E	R	A	T	E	W	C	A	E
U	T	F	O	R	T	H	E	I	Y	R	H

The State Of Matter

Most matter on Earth exists in one of three states—solid, liquid, or gas. Matter in solids is most closely packed together, while in gases, matter is most widely spaced apart.

- BOIL
- EVAPORATE
- GAS
- LIQUID
- MELT

- PARTICLES
- PRESSURE
- SHAPE
- SOLID
- TEMPERATURE

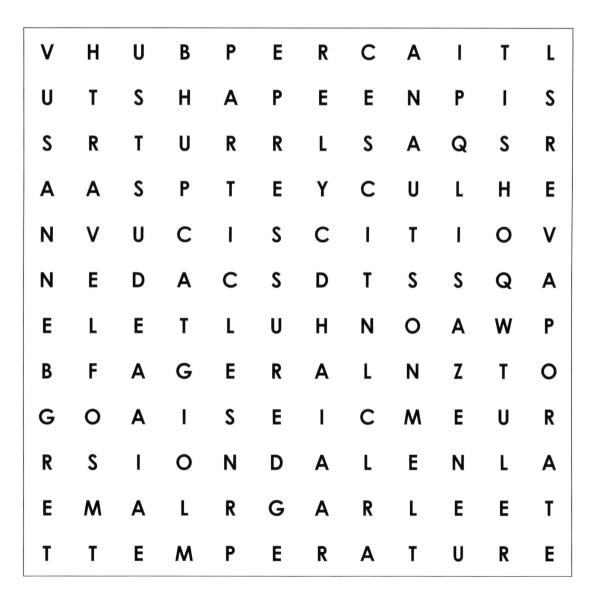

V	H	U	B	P	E	R	C	A	I	T	L
U	T	S	H	A	P	E	E	N	P	I	S
S	R	T	U	R	R	L	S	A	Q	S	R
A	A	S	P	T	E	Y	C	U	L	H	E
N	V	U	C	I	S	C	I	T	I	O	V
N	E	D	A	C	S	D	T	S	S	Q	A
E	L	E	T	L	U	H	N	O	A	W	P
B	F	A	G	E	R	A	L	N	Z	T	O
G	O	A	I	S	E	I	C	M	E	U	R
R	S	I	O	N	D	A	L	E	N	L	A
E	M	A	L	R	G	A	R	L	E	E	T
T	T	E	M	P	E	R	A	T	U	R	E

Feel The Heat

Some materials conduct or transfer heat better than others. For example, metals, such as aluminum and iron, are better conductors than plastic or glass.

- CALORIES
- CONDUCTOR
- CONTACT
- DEGREE
- EMIT

- INSULATOR
- RADIATE
- TEMPERATURE
- THERMOMETER
- TRANSFER

T	E	M	P	E	R	A	T	U	R	E	D
H	C	N	R	E	C	O	W	E	A	I	E
E	W	N	F	I	N	A	N	C	A	W	G
R	H	P	C	O	N	D	U	C	T	O	R
M	A	R	A	S	S	I	B	L	H	S	E
O	C	A	L	O	R	I	E	S	O	L	E
M	T	D	C	W	S	W	E	N	T	E	H
E	A	I	N	S	U	L	A	T	O	R	A
T	R	A	N	S	F	E	R	L	C	N	E
E	B	T	I	S	C	N	N	E	O	M	M
R	O	E	V	A	L	U	A	B	I	E	E
T	U	C	O	N	T	A	C	T	N	T	L

8

Sound Off

There are specially designed jets that fly faster than the speed of sound. When the jet hits top speed, it produces a sonic boom. GA-BOOM!

- DECIBEL
- ECHO
- GENERATE
- LOUDNESS
- MATTER

- PARTICLES
- PITCH
- VIBRATE
- VOLUME
- WAVE

H	O	W	M	L	O	U	D	N	E	S	S
D	S	U	G	V	W	T	H	E	B	U	D
E	T	C	E	I	O	S	I	N	E	W	E
C	P	H	N	B	R	L	S	S	C	A	D
I	R	A	E	R	O	E	U	L	E	V	R
B	U	W	R	A	U	A	N	M	N	E	E
E	C	O	A	T	N	P	R	U	E	G	M
L	T	U	T	E	I	D	E	C	T	G	A
S	O	L	E	T	D	C	C	O	E	I	T
H	Q	D	C	H	W	O	L	F	R	B	T
E	C	H	O	E	R	L	D	E	A	H	E
O	U	L	D	B	E	M	U	C	S	Q	R

9

Does It Sink Or Float?

Whether an object floats or sinks depends on its density. Objects denser than water, such as iron, sink, while oil & wood, which are less dense than water, float.

- BOAT
- BUBBLE
- DENSITY
- HOLLOW
- ICE

- MASS
- SOLID
- WATER
- WEIGHT
- WOOD

W	O	O	D	E	M	A	N	H	D	S	H
K	W	E	N	A	B	P	O	E	F	F	E
I	S	F	E	U	E	L	M	M	R	T	C
A	A	W	B	E	L	P	O	T	A	I	T
S	N	B	D	O	R	I	W	H	R	S	A
E	L	O	W	L	A	R	T	R	E	N	S
E	I	R	I	I	E	T	X	E	W	G	O
O	E	S	M	T	A	N	E	A	H	N	L
F	L	D	E	N	S	I	T	Y	U	E	I
I	N	S	T	A	N	E	Z	E	N	W	D
C	J	U	D	G	R	E	M	E	N	T	S
E	T	Q	W	E	I	G	H	T	D	A	C

10

Cloaked In Camouflage

Humans are not the only living things that can hide or camouflage. You can see camouflage in animals, such as zebras.

- ARCTIC FOX
- BLEND
- CHAMELEON
- DISGUISE
- ENVIRONMENT

- FLATFISH
- HIDE
- HUNT
- OCTOPUS
- STRIPES

P	O	A	S	T	C	H	A	R	T	R	E
E	F	R	E	C	I	T	U	A	B	E	N
M	I	C	A	D	E	F	F	N	C	S	V
D	S	T	E	J	A	N	U	R	T	T	I
I	U	I	B	U	O	C	H	S	G	R	R
S	N	C	A	R	C	Y	S	T	E	I	O
G	D	F	L	A	T	F	I	S	H	P	N
U	E	O	T	S	O	N	B	A	B	E	M
I	R	X	A	P	P	S	A	L	R	S	E
S	A	E	N	Z	U	R	S	B	E	O	N
E	S	A	B	E	S	N	W	S	I	N	T
H	C	H	A	M	E	L	E	O	N	O	D

Classification: Everyone, Get In Your Groups!

We classify all living things into groups according to their traits.
One important trait in mammals is a backbone.

- AMPHIBIANS
- BACKBONE
- BIRDS
- FISH
- INSECTS

- INVERTEBRATE
- MAMMALS
- REPTILES
- TRAITS
- WORMS

M	E	I	T	S	R	T	O	O	L	H	E
T	A	X	I	T	E	O	W	U	T	T	A
B	P	M	R	O	P	K	O	D	R	F	M
A	T	I	M	F	T	U	R	F	A	O	P
C	O	T	R	A	I	I	M	Y	I	E	H
K	A	S	M	I	L	N	S	B	T	M	I
B	D	C	E	T	E	S	T	O	S	T	B
O	I	N	I	N	S	E	C	T	S	F	I
N	U	R	T	A	R	E	A	L	I	A	A
E	B	A	D	B	E	L	M	S	O	M	N
P	A	E	A	S	N	E	H	X	T	E	S
I	N	V	E	R	T	E	B	R	A	T	E

A Food Chain Reaction

Food chains are important for all ecosystems. Producers always begin food chains. They get their energy from the sun.

- CARNIVORE
- CONSUMER
- ECOSYSTEM
- ENERGY
- HERBIVORE

- OMNIVORE
- PREDATOR
- PREY
- PRIMARY
- SECONDARY

P	R	E	D	A	T	O	R	I	E	T	O
R	C	T	I	M	E	W	H	T	N	S	M
I	O	A	T	I	G	H	P	H	E	E	N
M	N	W	R	L	S	T	R	N	C	C	I
A	S	E	C	N	O	B	E	I	O	O	V
R	U	R	I	E	I	R	Y	S	S	N	O
Y	M	V	A	S	G	V	R	S	Y	D	R
W	E	A	L	Y	D	N	O	U	S	A	E
A	R	G	I	S	A	D	D	R	T	R	N
N	N	E	A	T	M	I	N	O	E	Y	G
T	S	I	T	A	R	O	U	F	M	S	I
O	H	E	R	B	I	V	O	R	E	C	F

A Fine Kettle Of Fish!

Fish can be found in many ecosystems, including oceans, ponds, and rivers.

- ANGELFISH
- CORAL REEF
- FINS
- FRESHWATER
- GILLS

- OCEAN
- SALMON
- SHARK
- STING RAY
- SWIM

S	B	Y	N	A	S	M	E	S	A	N	C
E	H	T	H	E	W	Y	A	N	R	E	C
F	N	A	C	L	I	O	G	S	H	U	O
R	I	W	R	I	M	E	I	N	S	N	R
E	A	N	A	K	L	A	L	W	T	T	A
S	M	A	S	F	C	C	L	S	I	J	L
H	E	R	I	T	A	H	S	Y	N	O	R
W	T	S	T	H	R	A	F	U	G	Q	E
A	H	B	E	E	L	O	M	L	R	B	E
T	C	D	D	M	A	S	W	B	A	I	F
E	O	L	O	C	E	A	N	Y	Y	D	N
R	U	N	W	A	C	H	O	T	H	E	R

14

It's Raining Frogs!

Frogs are classified as amphibians. Their traits include lungs, moist skin, and a backbone.

- AMPHIBIAN
- COLD BLOODED
- LUNGS
- MOIST SKIN
- NEWT

- POISONOUS
- SALAMANDER
- TADPOLE
- TREE FROG
- VERTEBRATE

D	E	P	O	I	S	O	N	O	U	S	A
S	C	O	L	D	B	L	O	O	D	E	D
A	T	W	V	H	A	T	L	E	T	A	T
L	A	I	E	M	N	N	A	S	M	R	M
A	D	C	R	I	D	O	N	P	E	R	O
M	P	O	T	N	E	S	H	E	B	N	I
A	O	P	E	T	R	I	F	V	S	C	S
N	L	P	B	W	B	R	G	O	T	L	T
D	E	E	R	I	O	S	U	N	U	A	S
E	H	W	A	G	Q	E	A	N	S	S	K
R	I	N	T	A	C	V	G	L	A	T	I
T	H	A	E	T	N	S	O	E	I	S	N

15

As Busy As A Hibernating Bear

Hibernation is not just for sleeping bears. It is a state of inactivity used by many animals to conserve energy in the body.

- BEAR
- BURROW
- EMERGE
- GROUNDHOG
- HAMSTER

- SEASON
- SHADOW
- SLEEP
- TEMPERATURE
- WINTER

G	R	E	I	S	E	A	B	W	I	D	T
R	A	T	N	D	S	U	A	E	C	S	E
O	C	H	W	O	R	T	E	S	A	E	M
U	E	M	E	R	G	E	M	L	N	R	P
N	A	E	O	W	M	R	U	E	S	C	E
D	L	W	A	S	C	G	O	E	D	A	R
H	A	M	S	T	E	R	S	P	E	W	A
O	A	Y	H	O	C	A	L	L	I	S	T
G	E	W	A	N	C	N	A	N	G	T	U
A	H	A	D	K	L	I	T	M	E	N	R
B	T	N	O	O	S	E	A	S	O	N	E
O	U	T	W	T	R	S	B	E	F	T	O

Mammals: Warm Bodies

Mammals keep their bodies at a steady temperature in all environments. They are also hairy, furry, and nurse their young.

- BACKBONE
- ENDOTHERMIC
- FUR
- HAIR
- MARSUPIALS

- METABOLISM
- MONOTREME
- MOTHER
- PLACENTA
- WARM BLOOD

W	O	E	H	N	I	E	I	W	S	A	G
K	R	N	B	A	S	A	N	A	D	E	B
M	I	D	E	N	I	T	H	R	S	T	A
A	M	O	N	O	T	R	E	M	E	A	C
R	N	T	O	B	B	A	W	B	H	R	K
S	G	H	D	L	E	F	R	L	I	T	B
U	C	E	G	A	U	I	N	O	C	F	O
P	L	R	U	R	C	K	V	O	Q	O	N
I	A	M	O	T	H	E	R	D	W	R	E
A	S	I	Z	A	B	E	T	H	D	O	W
L	S	C	L	P	L	A	C	E	N	T	A
S	E	M	E	T	A	B	O	L	I	S	M

Migration: Anyone, Flying South?

Migration is not just for the birds! It is a seasonal movement performed by many animals, including butterflies.

- GEESE
- JOURNEY
- LOCUSTS
- NOMADIC
- PENGUIN

- SOUTH
- WEATHER
- WHALES
- WILDEBEEST
- WINTER

W	E	A	T	H	E	R	I	N	P	T	P
I	N	D	E	R	S	A	M	O	E	H	R
L	A	W	H	A	L	E	S	B	N	A	J
D	N	I	M	E	R	O	I	L	G	O	C
E	W	N	P	B	U	S	C	A	U	C	E
B	E	T	E	T	L	H	A	R	I	A	S
E	R	E	H	B	A	O	N	D	N	R	S
E	B	R	A	E	C	E	C	E	D	E	A
S	U	G	P	L	Y	S	E	U	O	W	F
T	N	O	T	P	O	L	A	S	S	P	E
E	G	E	E	S	E	R	E	A	F	T	R
L	A	N	O	M	A	D	I	C	H	U	S

18

Making A Living (Or Non-Living)

What is the difference between living and non-living things? There are many characteristics of living things, including the ability to grow and reproduce.

- ANIMAL
- ENERGY
- EXTINCT
- LIVING
- NONLIVING

- OFFSPRING
- REPRODUCE
- RESPOND
- SHELTER
- TRAITS

```
W  A  N  I  M  A  L  S  H  A  P  E
N  N  G  S  H  E  L  T  E  R  B  R
O  R  L  D  U  O  R  D  L  T  U  E
N  Y  R  E  L  A  F  Z  O  W  C  P
L  F  E  X  I  N  E  B  F  H  A  R
I  E  A  T  V  I  A  L  F  Y  E  O
V  E  S  I  I  T  L  E  S  S  S  D
I  L  T  N  N  B  L  Q  P  B  T  U
N  L  S  C  G  A  S  O  R  U  O  C
G  I  T  T  L  N  N  K  I  W  V  E
P  A  A  S  C  D  S  E  N  L  A  D
A  S  W  A  E  N  E  R  G  Y  N  V
```

Float Like A Butterfly

Every fall, monarch butterflies migrate South to the same forests in Central Mexico. Estimates say a billion butterflies gather in the same spot each year.

- ANTENNA
- CATERPILLAR
- CHRYSALIS
- COCOON
- HEAD

- MONARCH
- PUPA
- SWALLOWTAIL
- THORAX
- TRANSFORM

20

Ladybug: Lady Of The Garden
Ladybugs are great for gardens because they kill common pests harmful for plants.

- BLACK DOT
- BRIGHT RED
- EGG
- FLY
- INSECT

- JAR
- LARVA
- PUPA
- TALL GRASS
- WINGS

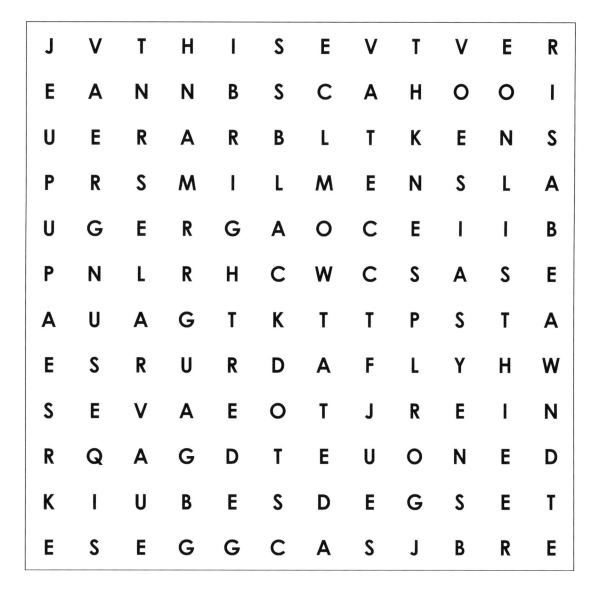

J	V	T	H	I	S	E	V	T	V	E	R
E	A	N	N	B	S	C	A	H	O	O	I
U	E	R	A	R	B	L	T	K	E	N	S
P	R	S	M	I	L	M	E	N	S	L	A
U	G	E	R	G	A	O	C	E	I	I	B
P	N	L	R	H	C	W	C	S	A	S	E
A	U	A	G	T	K	T	T	P	S	T	A
E	S	R	U	R	D	A	F	L	Y	H	W
S	E	V	A	E	O	T	J	R	E	I	N
R	Q	A	G	D	T	E	U	O	N	E	D
K	I	U	B	E	S	D	E	G	S	E	T
E	S	E	G	G	C	A	S	J	B	R	E

Busy Bee: A Honey Bee's Life

Depending on its role -- whether as a worker bee, drone, or queen -- a bee works with the rest of the hive to make honey.

- DRONE
- FLOWER
- HIVE
- HONEYCOMB
- LARVA

- NECTAR
- NYMPH
- POLLINATE
- QUEEN
- WORKER

N	D	Q	N	Y	M	P	H	E	W	P	R
E	F	D	R	O	N	E	R	K	O	N	N
Y	L	U	E	E	N	W	O	L	R	I	E
C	O	R	V	I	H	G	L	N	K	E	C
O	W	O	A	L	O	I	M	A	E	D	T
A	E	N	H	T	N	T	C	K	R	E	Q
Q	R	H	E	A	E	E	O	I	N	V	W
L	U	I	T	E	Y	W	C	N	E	M	A
A	O	E	G	R	C	E	M	T	M	A	R
R	H	W	E	U	O	R	E	D	A	N	Y
W	A	E	A	N	M	D	E	I	N	R	O
E	V	R	E	S	B	E	H	I	V	E	U

Insects: Stop Bugging Me!

Insects are part of the largest class of organisms. They have segmented bodies, jointed legs, and an external skeleton.

- ANT
- ANTENNA
- EXOSKELETON
- GRASSHOPPER
- HONEYBEE

- LADYBUG
- MOTH
- SILKWORM
- TERMITE
- WINGS

R	T	R	H	O	N	E	Y	B	E	E	I
V	E	O	S	T	O	W	P	I	C	G	K
E	X	S	A	E	I	O	R	I	T	R	N
R	O	P	S	N	N	R	T	Y	W	A	L
B	S	E	G	U	T	I	D	D	I	S	A
I	K	S	O	Y	A	E	A	O	L	S	D
A	E	C	N	O	T	D	N	A	L	H	Y
E	L	T	M	U	S	Y	C	N	G	O	B
R	E	O	C	N	R	R	I	T	A	P	U
L	T	U	R	D	E	E	V	T	E	P	G
H	O	S	U	T	E	R	M	I	T	E	Y
E	N	B	E	S	I	L	K	W	O	R	M

23

Seeing The Forest For The Trees

Trees are not the only organisms in a forest, but they provide the right environment for other community members, like deer and mushrooms.

- BIRDS
- BUSH
- CONIFEROUS
- DECIDUOUS
- FERN

- FLOWER
- HABITAT
- SHRUB
- SOIL
- TREE

W	E	H	A	D	W	T	W	O	A	S	R
R	B	U	S	H	L	R	C	A	O	H	E
A	T	E	C	Y	O	E	A	I	B	R	R
I	G	C	O	T	T	E	L	H	E	U	E
N	F	H	N	O	O	N	N	A	N	B	A
D	E	C	I	D	U	O	U	S	D	S	H
O	R	N	F	B	F	G	I	E	I	A	D
D	N	O	E	E	M	A	C	H	B	U	O
E	Y	L	R	P	A	S	B	I	R	D	S
R	F	L	O	W	E	R	T	G	A	P	I
V	O	O	U	I	C	A	K	E	D	U	B
E	R	G	S	A	T	N	G	E	N	E	S

24

Planting Seeds

Most plants come from seeds. The seeds develop into flowers which usually ripen into fruit.

- FLOWER
- FRUIT
- LEAVES
- NUTRIENTS
- POLLEN
- ROOTS
- SEEDS
- SOIL
- STEM
- TRUNK

M	G	R	O	S	T	E	M	Y	A	W	N
A	A	T	H	E	W	I	S	I	N	B	G
Y	U	O	P	O	L	L	E	N	I	E	N
O	R	T	S	S	C	H	A	L	E	F	U
U	S	O	E	A	Q	G	N	X	F	S	T
L	E	S	O	C	G	S	I	L	W	E	R
E	M	A	V	T	V	E	O	E	R	T	I
A	A	S	D	E	S	W	C	I	E	R	E
V	T	E	I	R	E	A	E	L	L	U	N
E	H	E	F	R	U	I	T	R	P	N	T
S	I	D	A	U	D	E	N	U	P	K	S
G	A	S	A	G	R	E	A	M	E	D	O

A Treasure Of Trees

The Giant Sequoia tree is not only tall but very wide. Some scientists believe that the Giant Sequoia is the largest organism in the world.

- BEECH
- BIRCH
- CYPRESS
- ELM
- LAUREL

- MAPLE
- OAK
- PALM
- PINE
- SPRUCE

```
W  Y  D  O  E  L  M  L  O  N  G  C
E  H  O  A  K  T  O  F  B  I  Y  X
M  S  I  S  T  A  K  E  I  P  S  O
A  B  G  T  D  A  S  E  R  B  E  T
P  E  M  W  E  R  D  E  C  Q  R  H
L  E  N  S  A  D  S  E  H  N  U  E
E  C  W  N  P  S  K  A  S  I  P  N
O  H  L  A  U  R  E  L  H  A  A  B
O  I  H  A  B  E  U  I  C  H  L  A
M  R  D  C  A  T  V  C  B  N  M  T
W  P  I  N  E  R  S  T  E  I  E  H
E  R  H  A  T  E  S  G  E  S  A  R
```

26

Fresh Flowers

Flowers are usually bright and beautiful to attract animals and spread pollen to other flowers.

- CARNATION
- DAFFODIL
- DAISY
- HYACINTH
- LILY

- ORCHID
- ROSE
- SUNFLOWER
- TULIP
- VIOLET

L	E	S	U	N	F	L	O	W	E	R	H
I	M	A	I	T	U	L	I	P	U	Y	G
L	S	O	N	C	K	A	S	E	A	C	U
Y	L	T	R	O	S	E	G	C	N	V	A
F	I	H	C	C	V	W	I	A	R	I	D
I	K	E	O	B	H	N	R	A	U	O	A
H	E	D	M	U	T	I	E	N	M	L	F
A	D	O	I	H	A	V	D	T	H	E	F
D	C	A	R	N	A	T	I	O	N	T	O
N	A	N	I	V	A	N	O	V	H	A	D
O	S	G	N	S	G	E	S	A	G	E	I
T	I	E	N	O	Y	U	G	H	T	R	L

27

Bearing Fruit

For plants, fruits are a way to spread their seeds, usually through animals. When the fruit breaks apart, the seeds go into the ground and begin to grow.

- AVOCADO
- CORE
- FLESH
- GRAPES
- HONEYBEE

- ORANGE
- PEACH
- POMEGRANATE
- SEEDS
- SKIN

C	A	N	W	C	E	R	I	C	H	B	I
N	D	A	V	O	C	A	D	O	E	C	P
D	E	C	E	R	A	O	O	F	T	H	O
O	G	Y	P	E	A	C	H	V	E	R	M
H	R	O	S	O	U	T	E	F	A	O	E
O	A	U	O	I	E	O	S	N	T	M	G
N	P	B	M	E	S	B	G	O	O	P	R
E	E	E	E	K	S	E	L	R	S	S	A
Y	S	L	I	V	A	L	E	Y	A	N	N
B	I	N	T	H	I	N	H	D	Y	Y	A
E	E	O	D	F	L	E	S	H	S	A	T
E	V	E	I	T	E	R	D	O	I	H	E

28

On The Endangered And Extinct List

There has been a growing number of plants and animals that have become extinct or disappeared. It is important to protect endangered animals.

- CONDOR
- DINOSAUR
- DODO BIRD
- GORILLA
- PANDA

- PRESERVE
- RAINFOREST
- RHINO
- TIGER
- WETLANDS

W	H	Y	D	I	N	O	S	A	U	R	R
R	O	U	N	F	R	E	E	D	A	O	E
A	H	T	T	O	C	O	N	D	O	R	D
I	N	I	R	W	E	T	L	A	N	D	S
N	T	G	N	M	O	F	S	P	P	S	G
F	H	E	Y	O	V	E	R	G	E	O	A
O	A	R	W	C	A	E	N	E	R	N	P
R	T	N	H	O	S	N	E	I	C	E	A
E	B	I	E	E	H	A	L	V	A	C	N
S	I	S	R	S	A	L	Y	W	N	G	D
T	G	V	E	R	A	Y	T	H	I	N	A
C	E	E	V	D	O	D	O	B	I	R	D

29

All Natural Resources

There is enough solar energy from the Sun to provide for all electrical needs on Earth without using any other form of energy.

- CONSERVE
- FOSSIL FUEL
- FRUITS
- MINERALS
- RENEWABLE

- PLANTS
- POLLUTION
- ROCKS
- WATER
- WOOD

R	F	M	I	N	E	R	A	L	S	B	A
V	O	I	R	S	E	H	R	V	U	S	B
O	S	C	N	H	F	R	U	I	T	S	P
C	S	A	K	A	R	I	D	F	W	L	O
O	I	G	O	S	I	N	Q	X	A	B	L
N	L	A	O	D	L	E	S	N	T	N	L
S	F	R	W	C	C	C	T	E	E	I	U
E	U	A	O	O	S	S	H	U	R	T	T
R	E	F	D	S	O	A	O	T	T	A	I
V	L	A	L	L	E	D	P	M	A	C	O
E	B	W	A	T	E	R	A	S	E	V	N
N	R	E	N	E	W	A	B	L	E	N	I

Reduce And Reuse

Recycling is the easiest way of taking care of our planet. Reusing materials costs less than purchasing them new and reduces stress on the environment.

- CONSERVE
- ENERGY
- ENVIRONMENT
- LANDFILL
- PAPER

- PLASTIC
- RECYCLE
- REUSE
- WASTE
- WATER

R	F	A	H	P	L	A	S	T	I	C	R
S	E	K	W	R	A	G	A	L	B	E	E
I	A	U	A	A	K	P	T	S	E	N	N
N	D	N	S	D	I	B	E	R	E	F	V
L	G	N	T	E	N	E	R	R	N	H	I
A	E	E	E	U	N	I	G	E	N	Y	R
N	F	G	R	E	C	Y	C	L	E	U	O
D	A	R	Y	U	D	S	A	A	Z	L	N
F	C	O	N	S	E	R	V	E	D	I	M
I	E	E	W	E	N	T	R	D	A	A	E
L	R	T	E	W	A	T	E	R	N	N	N
L	I	C	H	M	A	R	G	A	R	E	T

A Bundle Of Energy

Energy is not just found in candy bars! It comes in different forms - including heat, electricity, and chemical. All forms of energy have the ability to change what they touch.

- BATTERIES
- COAL
- DAMS
- FOSSIL FUEL
- NATURAL GAS

- NUCLEAR
- OIL
- RENEWABLE
- SOLAR
- WIND

N	S	P	R	E	N	E	W	A	B	L	E
F	A	A	C	P	E	R	M	I	L	L	S
O	G	T	H	H	N	U	C	L	E	A	R
S	M	Q	U	A	T	G	E	B	L	M	T
S	U	O	Q	R	W	H	A	Y	A	I	W
I	E	I	U	W	A	T	G	O	N	I	H
L	L	L	E	H	T	L	Y	U	N	S	I
F	L	A	L	E	H	T	G	D	D	S	S
U	E	O	R	I	I	D	S	A	E	E	O
E	R	I	Y	D	W	O	F	M	S	R	L
L	E	S	E	H	E	R	O	S	T	A	A
S	F	E	R	N	C	O	A	L	T	H	R

32

Continent Wide

The seven continents cover one-third of the earth, and the ocean covers the other two-thirds.

- AFRICA
- ANARCTICA
- ASIA
- ATLANTIC
- AUSTRALIA

- EUROPE
- MOUNTAINS
- NORTH AMERICA
- PACIFIC
- SOUTH AMERICA

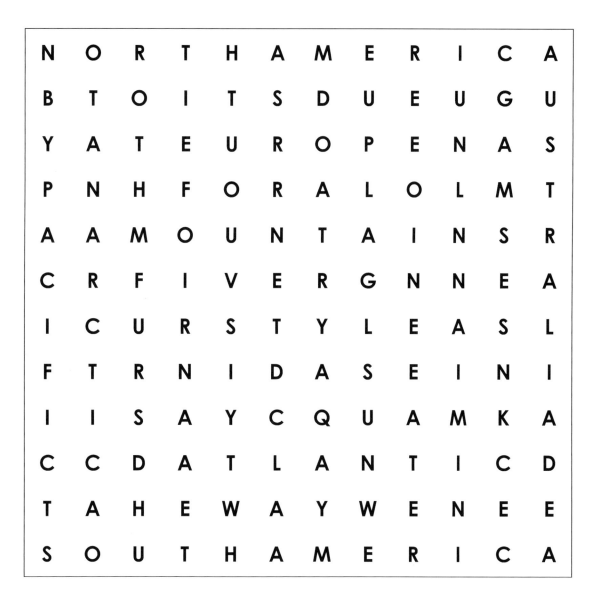

N	O	R	T	H	A	M	E	R	I	C	A
B	T	O	I	T	S	D	U	E	U	G	U
Y	A	T	E	U	R	O	P	E	N	A	S
P	N	H	F	O	R	A	L	O	L	M	T
A	A	M	O	U	N	T	A	I	N	S	R
C	R	F	I	V	E	R	G	N	N	E	A
I	C	U	R	S	T	Y	L	E	A	S	L
F	T	R	N	I	D	A	S	E	I	N	I
I	I	S	A	Y	C	Q	U	A	M	K	A
C	C	D	A	T	L	A	N	T	I	C	D
T	A	H	E	W	A	Y	W	E	N	E	E
S	O	U	T	H	A	M	E	R	I	C	A

Earthquakes: Shaking In My Boots!

Most earthquakes last less than 1 minute. The most powerful earthquake recorded took place in Valdivia, Chile in 1960.

- AFTERSHOCK
- COMPRESSION
- CRACK
- EPICENTER
- FAULT

- MAGNITUDE
- SEISMIC WAVE
- SHEARING
- SURFACE WAVE
- TENSION

S	E	I	S	M	I	C	W	A	V	E	U
M	H	A	Y	B	E	C	U	F	T	H	C
D	N	E	P	I	C	E	N	T	E	R	O
C	D	T	A	R	A	T	N	E	P	E	M
R	R	H	E	R	E	E	D	R	A	F	P
A	E	E	A	N	I	R	P	S	P	A	R
C	D	M	S	A	S	N	R	H	F	U	E
K	S	I	N	D	I	T	G	O	O	L	S
T	O	O	N	A	P	I	E	C	E	T	S
N	A	R	S	A	N	D	T	K	A	P	I
S	U	R	F	A	C	E	W	A	V	E	O
A	M	A	G	N	I	T	U	D	E	E	N

Fossil Hunting

Fossils have been found on every continent. The oldest known fossil is from a blue-green algae that lived in South Africa about 3.2 billion years ago.

- AGING
- ANCIENT
- ARCHAEOLOGY
- BONES
- DINOSAUR

- FOOTPRINTS
- REMAINS
- SEDIMENT
- SITE
- SKELETON

D	W	H	A	N	C	I	E	N	T	A	R
T	I	Y	R	G	E	A	L	L	S	A	Y
F	P	N	E	N	I	H	A	E	K	R	E
O	E	I	O	S	T	N	D	W	E	C	A
O	R	S	W	S	E	A	G	O	L	H	R
T	M	I	T	E	A	E	D	T	E	A	O
P	O	I	H	D	V	U	T	N	T	E	B
R	E	M	A	I	N	S	R	O	O	O	F
I	U	T	W	M	E	A	I	G	N	L	D
N	R	N	F	E	T	E	M	E	N	O	N
T	S	O	L	N	O	P	S	C	A	G	L
S	E	S	I	T	E	R	E	T	E	Y	L

35

A Mountain To Climb

Some of the highest mountains are at the bottom of the sea. Hawaii is at the top of a volcanic mountain in the Pacific Ocean. More than half the mountain is under water.

- ALTITUDE
- AVALANCHE
- BASE
- ELEVATION
- EVEREST

- GORGE
- HIMALYAS
- PEAK
- SLOPE
- SUMMIT

W	T	A	D	N	S	U	M	M	I	T	F
A	H	I	N	G	T	O	E	A	R	A	T
T	A	R	E	V	E	R	E	S	T	O	U
E	V	L	I	L	D	R	E	N	A	S	H
R	A	U	T	N	A	P	E	A	K	F	I
M	L	E	L	I	L	O	N	A	G	R	M
B	A	S	E	M	T	I	C	O	A	S	A
G	N	I	I	M	E	U	R	E	M	L	L
R	C	T	N	A	L	G	D	O	A	O	Y
E	H	O	G	N	E	I	C	E	H	P	A
A	E	L	E	V	A	T	I	O	N	E	S
T	G	I	V	E	T	O	S	W	F	C	H

36 Solid As A Rock

Of the over 4000 minerals on planet Earth, only about 30 of them can be commonly found in the Earth's crust. We use properties of minerals, such as hardness, to identify them.

- CRUST
- GRANITE
- HARDNESS
- LUSTER
- MAGNIFY

- MARBLE
- METALLIC
- MICA
- QUARTZ
- TEXTURE

C	A	N	Y	O	U	B	E	C	A	U	C
S	E	I	C	M	A	R	B	L	E	A	R
D	O	T	I	H	A	F	T	U	T	H	U
S	I	C	A	W	S	I	H	S	T	T	S
H	A	R	D	Ñ	E	S	S	T	O	D	T
M	W	L	T	T	D	N	J	E	A	F	T
A	A	L	E	O	E	D	U	R	I	A	Q
G	R	O	X	R	A	A	W	E	R	U	O
N	M	E	T	A	L	L	I	C	A	S	P
I	U	A	U	R	Y	P	N	R	E	T	S
F	M	G	R	A	N	I	T	E	R	A	G
Y	A	C	E	E	R	Z	A	R	K	I	N

Soil: Getting Your Hands Dirty

It can take up to 1000 years to form just one inch of soil! Soil is made up of four things: broken down rocks, dead and living things, water, and air.

- BEDROCK
- CLAY
- DECOMPOSE
- EROSION
- FERTILE

- HUMUS
- MINERALS
- SAND
- TOPSOIL
- WEATHERING

T	A	W	E	A	T	H	E	R	I	N	G
A	K	E	T	I	O	M	E	U	U	T	O
W	C	C	A	M	P	E	O	S	A	N	D
A	L	P	B	T	S	A	S	I	M	O	E
Y	A	R	E	H	O	Q	W	E	I	N	C
R	Y	E	D	E	I	H	E	R	N	F	O
H	D	S	R	A	L	S	I	E	E	U	M
U	C	E	O	O	E	T	Y	R	R	N	P
M	E	R	C	F	S	W	T	I	A	F	O
U	R	A	K	R	C	I	A	N	L	D	S
S	G	I	N	I	L	B	O	N	S	G	E
J	U	S	T	E	B	E	G	N	I	N	E

Volcanoes: Major Eruption

A volcano is simply an opening in the earth's surface where ash, gas, and hot magma escape. The Ring of Fire is home to 90% of the world's volcanoes.

- ASH
- DORMANT
- ERUPTION
- GASES
- GEYSER

- HOT SPOT
- LAVA FLOW
- MAGMA
- RING OF FIRE
- VENT

T	H	I	S	G	E	Y	S	E	R	T	E
I	H	S	L	A	V	A	F	L	O	W	T
R	T	O	W	O	N	G	R	E	A	N	V
I	R	E	T	R	T	E	R	A	S	T	F
N	U	A	K	S	G	U	S	I	D	V	A
G	E	S	E	O	P	E	F	O	E	R	N
O	O	H	F	T	T	O	T	N	W	O	C
F	M	B	I	A	M	A	T	M	I	L	G
F	D	O	R	M	A	N	T	I	O	A	Y
I	N	O	B	O	D	Y	H	A	S	E	R
R	V	M	A	G	M	A	B	E	O	T	O
E	A	N	H	J	O	H	S	N	S	R	O

How On Earth

Earth, the "Blue Planet," is the only known planet in the solar system that contains free oxygen, large volumes of water, and life.

- ATMOSPHERE
- AXIS
- BLUE PLANET
- CORE
- CRUST

- MANTLE
- MOON
- ORBIT
- REVOLUTION
- ROTATION

T	O	R	B	I	T	R	Y	A	T	Y	O
H	T	O	P	R	B	I	O	T	X	E	A
E	I	M	I	C	L	G	H	M	T	I	B
R	E	V	O	L	U	T	I	O	N	E	S
O	Y	R	A	R	E	H	A	S	R	D	A
T	E	H	I	M	P	I	N	P	T	H	E
A	G	E	L	E	L	A	M	H	O	R	G
T	P	R	O	M	A	Z	C	E	I	N	A
I	N	M	O	O	N	R	T	R	O	U	S
O	G	S	H	A	E	Q	U	E	U	A	E
N	A	M	A	N	T	L	E	V	G	S	D
L	O	V	A	R	T	H	E	W	A	Y	T

40

Precious Crystals

Humans value crystals for their beauty and rarity. Some of the largest crystals in the world have been found in the Cave of Crystals in Naica, Chihuahua, Mexico.

- CAVE
- COLOR
- DIAMOND
- EMERALD
- HEAT

- PRESSURE
- QUARTZ
- RUBY
- SALT
- SHAPE

I	T	S	E	D	R	O	P	P	I	N	G
D	H	I	M	R	E	C	O	L	O	R	A
I	O	G	E	C	O	A	R	D	E	A	R
A	W	N	R	S	K	V	N	G	W	P	E
M	L	O	A	B	I	E	H	M	R	R	Y
O	S	L	L	A	D	D	I	E	I	U	O
N	T	G	D	T	V	E	S	R	A	Y	G
D	A	T	M	U	O	S	N	O	U	T	S
N	C	R	N	O	U	T	H	E	R	S	D
E	Q	U	A	R	T	Z	H	A	Q	C	E
G	R	I	E	O	C	R	A	V	P	B	A
A	T	I	V	E	R	U	B	Y	O	E	M

Water Cycle: Everything Old Is New Again

The sun is the driving force of the water cycle. When water changes state, it either gives off energy or absorbs energy.

- CLOUDS
- CONDENSATION
- DEW
- EVAPORATE
- FOG

- FREEZE
- ICE
- OCEANS
- RAIN
- VAPOR

W	H	I	V	D	E	A	F	O	G	W	C
E	S	I	A	N	F	R	E	E	Z	E	O
H	A	V	P	E	D	O	C	U	T	I	N
E	R	E	O	D	I	N	E	I	R	T	D
B	V	W	R	E	O	A	R	E	A	G	E
A	L	A	T	H	E	C	W	H	I	O	N
I	P	S	P	I	L	E	E	O	N	I	S
C	E	T	A	O	A	T	D	A	B	N	A
E	O	B	U	N	R	S	N	L	N	G	T
L	P	D	C	C	O	A	U	E	I	S	I
E	S	A	E	N	G	K	T	E	G	T	O
A	T	O	N	W	E	V	A	E	D	A	N

Head In The Clouds

The earth's clouds can contain millions of tons of water. The clouds of Jupiter and Saturn are filled with ammonia. YIKES!

- CUMULUS
- DROPLETS
- FOG
- ICE
- LIQUID

- NIMBUS
- RAIN
- STORM
- STRATUS
- VAPOR

I	D	E	F	A	F	O	V	E	R	A	N
W	H	E	D	R	O	P	L	E	T	S	D
L	N	I	N	T	G	H	A	T	G	T	R
E	I	V	E	N	D	E	L	I	S	O	I
C	Y	Q	P	R	J	U	V	C	T	R	D
U	O	T	U	E	A	N	E	E	D	M	L
M	U	H	E	I	V	I	R	A	E	A	V
U	I	E	R	O	D	M	N	R	S	A	N
L	N	M	B	E	F	B	E	E	P	I	O
U	E	S	H	A	T	U	D	O	E	L	C
S	T	R	A	T	U	S	R	S	R	I	K
V	E	R	M	Y	T	O	A	K	E	E	P

43

Love The Weather

Wind is caused by differences in air pressure. Winds move from areas of high pressure to low pressure -- WHOOSH!

- BALMY
- CLEAR
- CLOUDY
- COLD
- HOT

- HUMID
- ICY
- MUGGY
- SUNNY
- WINDY

W	R	A	V	T	V	E	S	A	H	O	T
H	H	O	L	C	I	W	I	N	D	Y	L
A	C	L	O	U	D	Y	E	D	E	R	I
T	B	L	E	M	S	F	B	E	W	A	M
I	D	F	A	L	L	B	A	H	H	U	T
S	S	R	C	A	S	D	L	I	G	L	E
U	S	H	I	C	Y	E	M	G	Y	G	H
N	C	E	R	F	O	R	Y	N	E	U	R
N	S	L	W	E	V	A	A	E	M	E	A
Y	E	S	E	P	O	N	S	I	P	N	L
I	N	D	E	A	R	G	D	G	I	O	H
N	A	T	E	D	R	A	N	D	A	M	E

44

Weather The Storm

About 2,000 thunderstorms rain down on Earth every minute. The most damage ever recorded by a thunderstorm was in 1995, when hailstones bigger than cricket balls fell in Texas.

- BLIZZARD
- FORECAST
- HAIL
- HURRICANE
- LIGHTNING

- SNOW
- STORM
- THUNDER
- TORNADO
- TSUNAMI

B	E	H	A	S	T	O	R	M	Q	E	T
O	Y	A	R	N	A	G	E	D	E	H	O
T	N	I	S	O	M	O	S	T	U	O	N
O	S	L	M	W	B	E	R	N	L	F	B
R	C	U	E	T	S	N	D	E	I	T	L
N	L	E	N	E	A	E	N	J	G	H	I
A	O	S	O	A	R	D	I	T	H	E	Z
D	S	T	F	H	M	E	E	F	T	P	Z
O	W	H	U	R	R	I	C	A	N	E	A
T	E	I	T	D	E	R	A	S	I	A	R
A	A	L	H	E	T	Y	F	I	N	F	D
F	O	R	E	C	A	S	T	S	G	T	H

45

Climate Change: Keep Calm And Love The Earth

There is more carbon dioxide in the atmosphere today than at any point in the last 800,000 years. Humans can control carbon emissions and the damage caused by the high levels.

- CARBON
- EFFECTS
- EMISSIONS
- EXTREME
- GLACIERS

- GREENHOUSE
- HOT
- OCEAN
- POLAR
- WARMING

W	A	S	N	E	F	F	E	C	T	S	O
G	I	N	T	H	E	L	E	A	D	D	S
R	L	A	E	X	T	R	E	M	E	E	O
E	S	A	G	A	I	N	O	F	T	C	C
E	I	N	C	F	F	E	G	S	E	J	F
N	L	Y	A	I	R	G	V	A	W	W	W
H	J	D	R	E	E	B	N	J	E	A	E
O	H	E	B	P	S	R	H	T	N	R	R
U	E	A	O	A	E	O	S	R	T	M	H
S	D	L	N	S	E	R	E	A	Y	I	A
E	A	Z	E	M	I	S	S	I	O	N	S
R	A	G	R	Y	H	O	T	O	E	G	S

Mission To Mars

When astronauts do eventually travel to Mars, it will take them more than a year to get there from Earth. It would take about 8 months to get there and 8 months to travel back.

- CRATER
- DUST STORM
- GALE
- MISSION
- RED PLANET

- ROCKET
- ROVER
- SATELLITE
- SIMULATION
- VIKING

S	R	O	V	E	G	B	V	I	K	A	E
A	G	A	L	C	R	A	T	E	R	V	D
T	S	M	R	E	D	P	L	W	R	E	R
E	C	I	T	H	R	O	C	E	O	V	D
L	R	S	M	R	H	Y	D	N	V	I	U
L	A	S	N	U	S	P	K	M	E	M	S
I	T	I	W	Q	L	U	E	J	R	I	T
T	W	O	Q	A	E	A	W	R	V	S	S
E	S	N	N	W	E	V	T	W	G	S	T
D	N	E	R	E	V	I	K	I	N	G	O
U	T	O	C	K	C	O	P	A	O	I	R
S	T	R	R	O	C	K	E	T	P	N	M

47

By The Light Of The Moon

The Moon has only been walked on by 12 people - all American men. There is no wind on the Moon. So, all of their footprints remain in place on the surface.

- CRESCENT
- FAR SIDE
- FULL
- GIBBOUS
- NEW MOON

- QUARTER
- TIDES
- UMBRA
- WANING
- WAXING

H	A	T	A	R	E	Y	F	U	L	L	A
W	O	I	N	W	A	N	I	N	G	T	E
F	A	R	S	I	D	E	N	I	C	H	Q
S	F	X	H	T	O	O	D	E	R	U	D
S	T	C	I	H	V	U	S	W	A	M	I
E	H	R	A	N	E	S	A	R	G	B	O
Z	E	E	S	C	G	A	T	E	T	R	N
N	Q	S	D	A	R	E	N	I	A	A	E
I	U	C	U	D	R	Y	D	E	D	N	V
R	N	E	W	M	O	O	N	P	M	E	A
P	E	N	D	G	E	I	N	G	I	H	S
N	E	T	A	S	G	I	B	B	O	U	S

Our Solar System

Scientists believe that our Solar System was formed around 4.5 billion years ago. It may have formed from the shockwave of the explosion of another star, called a supernova.

- ASTEROID
- BIG BANG
- BLACK HOLE
- COMET
- GAS GIANT

- METEOR
- MILKY WAY
- NEBULA
- PLANETS
- STARS

A	N	E	B	U	L	A	N	E	W	I	O
T	L	G	L	E	P	L	A	N	E	T	S
B	E	A	N	V	T	L	E	A	S	L	O
L	I	S	O	M	I	L	K	Y	W	A	Y
A	A	G	W	E	E	B	R	O	T	S	N
C	S	I	B	R	A	T	Q	T	M	T	D
K	T	A	S	A	S	R	E	H	C	E	N
H	I	N	H	L	N	A	V	O	Y	R	A
O	T	T	E	K	I	G	M	E	R	O	T
L	W	A	S	P	E	E	R	F	E	I	C
E	H	O	W	S	T	A	R	S	O	D	V
I	A	S	I	N	T	H	E	W	A	W	F

Catch The Sun

It takes 8 minutes for the Sun's light to reach the earth. This light energy is produced in the sun by nuclear fusion when atoms combine together.

- ENERGY
- FUSION
- HEAT
- HELIUM
- HYDROGEN

- LIGHT
- RADIATION
- STAR
- SUNSPOT
- YELLOW

50

Space Missions: Aiming For The Stars

In 2018, the Voyager 2 probe exited our solar system to begin its journey into the rest of the universe. Both Voyager 1 and Voyager 2 are still in interstellar space.

- ASTRONAUTS
- CARGO
- LAUNCH
- MIR
- MODULE

- NASA
- ORBIT
- SALYUT
- SKYLAB
- SPACE STATION

S	A	R	E	O	R	B	I	T	I	T	L
P	C	S	Y	O	U	T	E	L	L	A	I
A	G	A	S	T	R	O	N	A	U	T	S
C	O	I	R	D	E	A	W	N	H	O	N
E	S	D	A	G	T	I	C	L	L	C	G
S	O	K	N	S	O	H	R	E	S	E	M
T	M	E	Y	M	B	E	R	A	A	W	M
A	S	S	V	L	C	A	K	N	L	H	O
T	E	X	E	N	A	S	A	I	Y	O	D
I	N	B	S	H	E	B	S	C	U	S	U
O	D	T	E	R	A	E	F	O	T	O	L
N	K	N	O	M	I	R	Q	W	S	E	E

A Blazing Star

Stars are usually between 1 and 10 billion years old. Some stars may even be close to the age of the Universe at nearly 13.8 billion years old.

- BIG BANG
- BLACK HOLE
- BRIGHTNESS
- LUMINOUS
- NEUTRON

- NIGHT SKY
- QUASAR
- SUPERGIANT
- SUPERNOVA
- WHITE DWARF

Q	I	L	I	V	E	Q	W	H	E	B	R
S	U	P	E	R	G	I	A	N	T	R	E
U	F	A	R	T	Y	N	W	L	S	I	D
P	V	W	S	B	R	T	A	U	C	G	A
E	C	B	E	A	S	W	E	M	A	H	W
R	A	I	T	O	R	I	V	I	G	T	N
N	I	G	H	T	S	K	Y	N	A	N	E
O	Z	B	L	A	C	K	H	O	L	E	U
V	F	A	F	H	V	E	F	U	N	S	T
A	E	N	V	E	R	S	G	S	G	S	R
I	R	G	U	S	A	A	J	K	L	U	O
W	H	I	T	E	D	W	A	R	F	Q	N

As Big As Jupiter

Jupiter is the largest planet in our Solar System. Seriously large. In fact, it is MASSIVE. It's so big that more than 1,300 Earths would fit into it.

- CALLISTO
- EUROPA
- FIFTH
- GALILEO
- GANYMEDE

- GAS GIANT
- MAGNETIC
- MOONS
- RINGS
- ROTATION

G	D	E	U	R	O	P	A	C	Y	H	G
O	A	I	R	E	A	L	A	L	Q	A	S
M	T	S	S	V	E	L	V	R	L	S	A
A	E	L	G	E	L	S	K	I	L	M	R
G	F	L	M	I	V	E	L	X	A	O	G
N	B	A	S	R	A	E	N	Q	T	O	E
E	S	T	J	G	O	N	G	A	R	N	F
T	O	S	T	N	R	U	T	D	Q	S	I
I	X	R	R	U	G	I	A	A	F	E	F
C	V	E	E	E	O	C	N	S	B	M	T
S	W	F	D	N	P	E	R	G	P	L	H
E	G	A	N	Y	M	E	D	E	S	E	N

53

Galileo: Star Searcher

Galileo wanted to test all his theories and see them happening in the real world. He started what is now known as the scientific method. He tested his ideas again and again in experiments.

- COMETS
- EXPERIMENT
- GRAVITY
- JUPITER
- MOONS

- PENDULUM
- SATELLITE
- SUNSPOTS
- TELESCOPE
- TIDES

J	U	E	X	P	E	R	I	M	E	N	T
C	T	I	N	C	A	S	E	I	C	E	A
G	S	U	N	S	P	O	T	S	L	N	P
R	N	N	I	S	T	E	I	E	S	W	E
A	C	O	M	E	T	S	S	J	A	A	N
V	N	R	S	O	E	C	N	G	T	T	D
I	V	L	C	Z	O	P	S	I	E	C	U
T	E	U	P	P	A	N	H	W	L	H	L
Y	I	S	E	S	L	T	S	F	L	I	U
N	R	D	I	E	E	E	E	V	I	T	M
O	I	T	E	G	J	U	P	I	T	E	R
W	E	H	R	S	S	T	O	Z	E	O	N

54

Newton's Apple

Newton discovered his Law of Universal Gravitation after he observed an apple falling from a tree. He came to understand, "Whatever goes up must come down."

- APPLE
- ASTRONOMY
- FORCE
- GRAVITY
- LAWS

- MOTION
- PHYSICS
- PLANETS
- REFLECT
- REFRACT

A	A	L	I	R	E	F	R	A	C	T	L
S	P	O	S	T	W	A	N	T	T	O	G
T	O	P	H	Y	S	I	C	S	O	R	U
R	O	L	L	U	A	Y	S	H	A	J	D
O	K	A	O	E	I	M	T	V	I	U	L
N	A	N	N	J	D	O	I	T	N	A	S
O	T	E	H	W	Y	T	G	R	W	F	M
M	E	T	E	I	Y	I	E	S	M	O	O
Y	L	S	L	R	O	O	T	B	O	R	M
I	O	Q	L	E	U	N	Y	O	U	C	Y
W	K	R	E	F	L	E	C	T	M	E	M
E	E	S	H	E	R	W	Y	O	U	N	G

Engineering: Learning By Design

The smallest of the Egyptian pyramids is made up of 2.3 million stone blocks. Each block weighed 5000 pounds and was brought to the pyramid and put in place by hand.

- BRIDGE
- COLLABORATE
- DESIGN
- ELECTRIC CAR
- ENGINEER

- INVESTIGATE
- JET
- PROBLEMS
- SKYSCRAPER
- SOLVE

S	K	Y	S	C	R	A	P	E	R	A	I
E	Y	O	U	C	A	N	J	A	L	W	N
L	O	P	R	O	B	L	E	M	S	Y	V
E	U	O	W	H	T	D	T	U	S	S	E
C	B	U	A	A	E	S	G	O	O	T	S
T	R	R	N	S	R	M	E	Y	L	E	T
R	M	W	I	T	O	S	O	L	V	E	I
I	O	G	T	D	A	C	H	R	E	L	G
C	N	A	E	N	G	I	N	E	E	R	A
C	M	N	T	W	H	E	N	E	V	L	T
A	C	O	L	L	A	B	O	R	A	T	E
R	A	N	Y	T	H	I	N	G	Y	W	E

Careful Observations

Benjamin Franklin believed lightning carried negative charge, and he used experiments with his kite to prove this was true. These observations led to the invention of the lightning rod.

- CHART
- DESCRIBE
- DRAWING
- EXPLAIN
- HEAR

- PICTURE
- SEE
- SMELL
- TASTE
- TOUCH

A	I	D	R	A	W	I	N	G	R	E	G
R	C	S	E	E	S	A	H	N	G	A	L
E	N	H	Y	R	E	E	G	I	N	T	A
S	G	L	A	C	A	S	R	M	O	N	D
Y	M	O	O	R	N	F	I	U	P	E	E
O	A	E	N	O	T	Y	C	A	I	V	S
S	L	M	L	E	A	H	N	S	C	E	C
E	O	V	G	L	O	U	J	T	T	R	R
E	N	T	A	S	T	E	U	I	U	H	I
U	G	O	U	S	H	A	S	O	R	A	B
E	X	P	L	A	I	N	T	N	E	S	E
G	O	N	W	E	A	G	O	W	A	L	K

Science Tools For Learning

57

In the past, people used traditional mercury-in-glass thermometers to find body temperature. The thermometers were placed under the arm, in the mouth, or in the rectum.

- BALANCE
- BEAKER
- CALCULATOR
- DISTANCE
- MASS

- MEASURE
- RULER
- TELESCOPE
- THERMOMETER
- VOLUME

A	N	Y	M	M	A	S	S	C	O	U	T
C	C	B	A	L	A	N	C	E	N	E	H
A	A	R	A	B	E	R	I	S	L	T	E
L	D	I	S	T	A	N	C	E	B	A	R
C	N	L	T	C	O	N	S	A	P	U	M
U	I	B	H	V	I	C	O	T	L	T	O
L	T	E	C	N	O	E	A	E	I	D	M
A	B	A	A	P	S	L	R	O	G	O	E
T	E	K	E	O	D	E	U	R	A	O	T
O	A	E	N	T	V	E	R	M	Y	G	E
R	G	R	B	E	P	R	O	L	E	O	R
I	M	E	A	S	U	R	E	N	G	E	D

58

The Scientific Method

Louis Pasteur used carefully designed experiments to prove germs carried disease. Pasteur's experiments helped to protect millions of people from deadly disease, such as small pox.

- ACCURATE
- CHART
- CONCLUSION
- DATA
- EXPERIMENT

- HYPOTHESIS
- QUESTION
- RECORD
- RESULTS
- SHARE

D	H	Y	P	O	T	H	E	S	I	S	E
W	A	I	B	E	R	A	C	E	S	R	X
H	T	T	B	R	E	S	U	L	T	S	P
E	H	W	A	G	O	O	D	A	I	E	E
N	E	A	O	T	B	E	A	I	S	V	R
C	O	N	C	L	U	S	I	O	N	E	I
I	S	Y	N	C	A	T	A	L	C	A	M
E	H	A	H	R	U	E	N	O	T	E	E
A	A	A	W	R	E	R	R	L	V	S	N
T	R	S	E	V	A	D	A	C	H	E	T
T	E	V	E	Q	U	E	S	T	I	O	N
E	I	T	R	G	A	N	A	E	E	N	H

59

Fire Safety

The first fire extinguisher was created in the Middle Ages. Called the "squirt," it used a pump to spray out 1 liter of water at a time.

- DROP
- ESCAPE PLAN
- EXIT
- EXTINGUISHER
- FIREFIGHTER

- INFANT
- RESCUE
- ROLL
- SMOKE ALARM
- STOP

```
E  I  A  P  O  X  S  I  M  C  A  R
S  W  R  O  L  L  I  N  T  I  F  D
C  O  B  E  E  D  W  F  H  O  I  S
A  K  S  M  O  K  E  A  L  A  R  M
P  E  V  T  F  I  W  N  I  T  E  H
E  U  D  R  O  P  O  T  G  X  F  I
P  P  S  F  W  P  O  D  I  C  I  S
L  A  S  L  E  E  P  T  L  O  G  P
A  N  C  R  E  S  C  U  E  L  H  L
N  A  N  E  V  E  N  Q  U  E  T  E
E  X  T  I  N  G  U  I  S  H  E  R
I  D  O  N  T  E  Q  W  E  V  R  E
```

60 Car Safety

69% of all car accidents occur within 10 miles of one's home. That is why it is always important to buckle up with a safety belt when riding anywhere.

- AIR BAG
- BOOSTER
- COLLISION
- CRASH
- HORN

- LOCK
- PASSENGERS
- SEAT BELT
- SIGNAL
- SPEED LIMIT

V	E	S	P	E	E	D	L	I	M	I	T
E	R	D	F	O	R	G	O	C	H	E	R
P	I	T	O	A	P	L	I	O	S	N	E
R	A	S	E	A	T	B	E	L	T	O	I
Y	T	S	A	C	E	W	N	L	N	C	L
B	O	O	S	T	E	R	G	I	A	R	O
F	O	R	Y	E	S	E	X	S	E	A	C
I	A	P	B	V	N	H	I	I	S	S	K
E	A	I	R	B	A	G	M	O	A	H	P
S	F	W	A	A	N	O	E	N	O	L	E
A	S	L	B	A	G	T	M	R	O	E	N
D	S	E	L	J	U	S	N	F	S	V	S

Boot Up Your Computer

Karl Zuse, the inventor of the computer, created the Z2, the first electromechanical computer, in the 1940s. The Z2 was the size of a large room!

- DATA
- DOWNLOAD
- DRAG
- DROP
- EMAIL

- GRAPHIC
- INTERNET
- LOG ON
- MEMORY
- PASSWORD

N	O	T	S	W	E	R	B	U	N	G	S
S	E	H	I	N	T	E	R	N	E	T	I
R	L	O	G	O	N	L	U	S	Q	W	N
D	A	T	A	T	I	G	F	E	R	G	D
T	G	O	E	O	J	D	O	B	W	R	P
I	A	P	M	R	S	O	R	S	H	A	B
G	S	A	A	A	O	W	I	A	S	P	I
D	U	R	I	Y	N	N	R	S	G	H	R
G	R	T	L	Q	D	L	W	H	O	I	T
E	P	O	M	E	M	O	R	Y	S	C	H
M	E	Y	P	A	R	A	P	R	E	N	D
A	C	H	T	D	O	D	E	R	A	N	Q

62

Robots

In 1954, George Devol designed one of the first robots, the Unimate, which had one arm and one hand. It was used in car factories to lift and stack metal too hot for humans to handle.

- AI
- ARTIFICIAL
- CODE
- DRONE
- INTELLIGENCE

- LANGUAGE
- LEARNING
- MACHINE
- PROGRAM
- SENSOR

A	R	T	I	F	I	A	S	W	E	A	I
L	O	N	C	T	H	E	S	A	C	I	N
M	N	O	T	H	S	E	N	S	O	R	T
P	D	P	S	L	Y	F	E	E	A	S	E
E	A	R	T	I	F	I	C	I	A	L	L
A	T	O	O	B	U	T	Q	W	G	E	L
G	M	G	E	N	N	C	H	T	A	I	I
E	U	R	R	G	E	A	N	R	T	G	G
B	C	A	H	A	T	I	N	T	W	E	E
R	H	M	A	C	H	I	N	E	O	N	N
T	A	B	E	R	N	V	E	R	R	E	C
L	L	A	N	G	U	A	G	E	T	S	E

63

Nutrition: You Are What You Eat
Some foods are supposed to make you smarter. Red cabbage, egg yolks, tomatoes, berries, and walnuts are known foods that builds up your brain.

- DAIRY
- FAT
- FRUIT
- HEALTHY
- JUNK FOOD

- NUTRIENTS
- PROTEIN
- SUGAR
- VEGETABLE
- WATER

K	N	U	T	R	I	E	N	T	S	T	D
E	V	I	S	A	W	Y	N	I	C	H	P
N	E	A	K	D	R	W	W	E	R	R	O
Y	R	N	C	A	E	O	A	N	O	Y	C
R	K	P	I	I	B	U	F	T	K	S	H
S	U	G	A	R	A	K	E	E	E	U	E
T	E	I	N	Y	G	I	A	G	J	R	A
F	H	A	J	U	N	K	F	O	O	D	L
W	R	D	P	U	W	E	S	I	R	A	T
E	S	U	E	X	C	F	E	S	S	I	H
R	B	E	I	N	A	M	O	R	I	S	Y
V	E	G	E	T	A	B	L	E	T	O	P

64

Digestion: Breaking Things Down

The stomach contains a powerful chemical called hydrochloric acid to help break down food. To protect itself from this corrosive acid, the stomach has a thick coating of mucus.

- ABSORB
- CHEW
- COLON
- ENERGY
- ESOPHAGUS

- GASTRIC JUICE
- INTESTINES
- MOUTH
- SALIVA
- STOMACH

G	S	T	O	M	A	W	E	G	N	E	H
A	D	C	H	E	W	A	V	D	W	S	F
S	O	N	E	S	T	B	R	S	E	O	E
T	A	W	E	E	K	S	T	N	I	P	S
R	N	L	M	Y	I	O	E	G	V	H	T
I	E	A	I	P	A	R	L	F	A	A	O
C	A	M	T	V	G	B	U	O	N	G	M
J	N	W	O	Y	A	V	I	N	O	U	A
U	W	A	N	U	D	S	T	H	A	S	C
I	N	T	E	S	T	I	N	E	S	A	H
C	E	W	F	H	K	H	T	B	V	D	J
E	R	B	R	C	O	L	O	N	W	X	B

65

Exercise: Feeling Fit

Exercise helps your brain! Daily exercise, including running and swimming, helps to create new brain cells which improve brain activity.

- AEROBIC
- FITNESS
- HEART
- HEARTBEAT
- LUNGS

- MUSCLES
- OXYGEN
- PACE
- PULSE
- STRETCHES

T	H	E	C	L	A	P	A	C	E	V	T
A	L	M	O	S	L	S	D	U	A	E	O
H	H	B	P	T	U	S	E	O	S	R	M
E	Q	E	P	D	N	I	S	X	R	F	U
A	A	E	A	O	G	E	A	Y	V	O	S
R	W	E	E	R	S	D	L	G	L	C	C
T	S	T	R	E	T	C	H	E	S	U	L
B	R	A	D	O	E	Y	M	N	L	S	E
E	Y	S	S	Q	B	U	O	S	T	O	S
A	I	C	A	U	F	I	T	N	E	S	S
T	F	R	G	B	A	N	C	A	N	V	E
A	X	H	P	U	L	S	E	W	A	E	R

66

Nervous System: The Brain Connection

There are 100 billion neurons in the brain and 13.5 million neurons in the spinal cord. The nervous system transmits messages at speeds 100 meters/second.

- BRAIN
- BRAINSTEM
- CELLS
- CEREBELLUM
- CEREBRAL

- CORTEX
- MESSAGE
- NERVES
- RESPONSE
- SPINAL CORD

Y	O	U	N	R	E	S	P	O	N	S	E
S	S	B	R	A	I	N	S	T	E	M	T
P	A	R	E	C	S	F	Y	K	L	E	H
I	B	A	E	N	E	R	V	E	S	N	W
N	O	I	D	O	A	R	B	M	L	S	E
A	W	N	T	N	B	E	E	E	A	A	C
L	E	M	H	L	O	S	E	B	S	O	S
C	G	E	E	I	S	V	W	W	R	E	C
O	I	H	R	A	U	N	Q	T	E	A	F
R	N	T	G	N	S	U	E	R	P	R	L
D	C	E	L	L	S	X	W	H	A	I	T
C	E	R	E	B	E	L	L	U	M	S	E

Circulatory System: It's Got Heart

During a heartbeat, the heart first contracts. This makes its chambers smaller and pushes blood into blood vessels. When the heart relaxes, the chambers get bigger and are filled again with blood.

- ARTERY
- BLOOD
- CAPILLARY
- EXERCISE
- HEART

- LUNGS
- NUTRIENTS
- OXYGEN
- PULSE
- VEIN

A	O	H	E	A	R	T	M	C	D	O	F
R	N	T	U	T	H	E	A	N	X	B	E
T	N	H	H	I	L	P	S	A	T	L	N
E	X	E	R	C	I	S	E	L	R	O	U
R	M	W	N	L	E	R	I	T	E	O	T
Y	A	O	L	A	D	T	N	R	E	D	R
T	K	A	I	M	A	W	L	E	P	S	I
H	R	R	V	E	I	N	S	U	S	H	E
Y	E	L	S	D	E	S	L	S	N	T	N
S	T	P	L	A	C	S	E	A	F	G	T
G	O	X	Y	G	E	N	R	I	C	A	S
O	T	O	S	P	K	T	L	E	E	P	O

68

Use Your Senses!

Animals have differences in how their sense receptors take in the world around them. For example, dogs and sharks have a keen sense of smell, while cats can see very well in dim light.

- COLD
- HEAR
- HOT
- LOUD
- SEE

- SMELL
- SOUR
- SWEET
- TASTE
- TOUCH

T	H	E	Y	W	O	N	H	T	S	U	R
O	C	S	S	A	H	A	E	S	A	C	V
O	U	O	C	A	U	S	A	E	D	H	I
N	U	C	L	I	L	S	R	L	T	A	V
R	N	O	N	D	T	O	S	O	H	N	E
I	D	O	T	C	E	U	U	A	O	C	S
T	S	S	E	E	R	C	R	D	R	E	W
A	D	N	I	A	H	L	B	T	R	S	E
S	O	O	N	U	E	H	J	U	S	E	E
T	E	S	M	E	L	L	B	E	T	D	T
E	S	T	U	N	D	E	R	S	T	A	S
S	E	V	E	N	C	O	U	H	O	T	N

Skeletal System: Bone Deep

At birth, the human skeleton is made up of around 300 bones. By adulthood, some bones have fused together to end up with 206 bones.

- CALCIUM
- CARTILAGE
- ELBOW
- FRACTURE
- JOINTS

- KNEE
- RIBCAGE
- SKULL
- VERTEBRAE
- WRIST

W	S	H	E	S	E	X	J	A	E	W	H
S	R	V	E	R	T	E	B	R	A	E	A
A	C	I	N	T	E	R	S	I	C	P	T
C	R	N	S	K	U	L	L	B	I	L	F
A	A	C	N	T	O	W	I	C	T	S	R
L	U	R	A	R	I	T	S	A	O	J	A
C	K	A	T	P	S	F	A	G	N	O	C
I	R	N	I	I	N	E	P	E	T	I	T
U	A	O	B	E	L	S	I	L	E	N	U
M	H	A	R	B	D	A	O	N	T	T	R
L	O	W	O	E	R	V	G	D	S	S	E
V	B	W	Z	A	W	K	N	E	E	A	L

70

Muscular System: Flex Your Muscle

SMILE! It only takes 17 muscles in your face to smile, while it takes 43 muscles to frown. Frowning is more work for your body!

- BICEPS
- CONTRACT
- DELTOIDS
- HEART
- INVOLUNTARY

- PECTORAL
- QUADRICEPS
- RELAX
- STRETCH
- VOLUNTARY

Q	U	A	D	R	I	C	E	P	S	E	E
F	O	U	N	D	E	R	R	S	F	V	L
U	D	H	E	M	O	N	E	I	Z	O	E
B	I	C	E	P	S	H	L	N	I	L	X
D	A	L	L	A	T	E	A	G	P	U	C
E	G	U	Y	S	R	H	X	T	E	N	E
L	I	N	C	O	N	T	R	A	C	T	C
T	H	O	R	S	O	B	L	I	T	A	N
O	E	R	N	O	L	I	T	E	O	R	T
I	N	V	O	L	U	N	T	A	R	Y	B
D	L	L	Y	I	N	A	S	R	A	W	Y
S	T	R	E	T	C	H	E	A	L	O	P

71

Deserts: Hot And Dry
Despite the extreme conditions in climate, deserts are home to a range of well suited plant life including various shrubs and cacti. They are also home to animals, such as lizards, foxes, and coyote.

- CACTUS
- CAMEL
- DRY
- FOX
- GOBI

- MOUSE
- OASIS
- PARCHED
- SAHARA
- SAND

O	O	Q	D	R	Y	J	P	A	E	U	E
F	A	W	G	J	R	D	A	B	T	R	R
O	N	S	B	H	W	E	R	E	H	Y	S
C	C	N	I	N	S	R	C	N	D	C	C
U	V	E	R	S	S	A	H	A	R	A	Q
M	U	G	K	A	A	E	T	U	M	E
O	R	E	N	T	R	G	D	T	R	E	H
U	W	D	A	E	F	E	T	I	D	L	T
S	B	S	S	G	O	I	A	G	O	B	I
E	C	T	H	E	X	R	S	N	A	W	A
S	E	C	A	C	T	U	S	G	Y	E	X
A	B	E	N	D	T	E	U	E	R	S	V

72

Get Your Fresh Water!

While nearly 70 percent of the world is covered by water, only 2.5 percent of it is fresh. The rest is salt water. Most of this freshwater is trapped in glaciers and snowfields.

- BEAVER
- DRINKABLE
- GOLDFISH
- LILYPAD
- POND

- RESERVOIR
- RIVER
- SALMON
- STREAM
- WATERSHED

V	E	L	I	L	Y	P	A	D	A	U	P
W	R	G	E	S	S	E	N	O	L	O	D
A	B	M	S	A	N	H	E	N	N	E	D
T	E	T	H	A	R	E	E	D	H	U	R
E	A	A	S	D	L	K	I	B	G	N	I
R	V	X	A	C	T	M	L	F	O	D	N
S	E	B	N	Y	K	Y	O	E	L	R	K
H	R	S	T	R	E	A	M	N	D	E	A
E	T	H	I	E	S	U	N	S	F	D	B
D	E	V	T	G	S	D	E	R	I	S	L
O	E	N	C	N	N	A	G	B	S	A	E
R	E	S	E	R	V	O	I	R	H	O	L

73

An Ocean Away

About 70% of the oxygen we breathe is produced by the oceans. The ocean produces oxygen through the plants (phytoplankton, kelp, and plankton) that live in it.

- ATLANTIC
- JELLYFISH
- KRILL
- OCTOPUS
- PACIFIC

- PLANKTON
- SQUID
- SUNLIT ZONE
- THERMAL VENTS
- TWILIGHT ZONE

T	F	I	R	S	T	T	W	I	G	H	T
H	L	J	E	L	L	Y	F	I	S	H	W
E	I	N	Y	N	U	R	F	Q	I	R	I
R	G	C	O	K	R	I	L	L	S	O	L
M	H	P	E	R	E	G	I	L	T	C	I
A	T	L	K	P	I	L	O	S	M	T	G
L	K	A	T	L	A	N	T	I	C	O	H
V	R	N	L	A	S	C	H	E	O	P	T
E	I	K	A	S	Q	U	I	D	V	U	Z
N	A	T	M	O	P	A	L	F	E	S	O
T	S	O	D	L	I	A	C	E	I	G	N
S	U	N	L	I	T	Z	O	N	E	C	E

Rain Forests: Tropical Paradise

The Amazon is home to a whole host of interesting – and deadly– creatures, including electric eels, flesh eating piranhas, poisonous dart frogs, and venomous snakes,

- AMAZON
- CANOPY
- CONSERVE
- EXOTIC
- FOREST FLOOR

- JAGUAR
- SNAKE
- SPIDER
- TROPICAL
- UNDERSTORY

```
T  H  S  A  M  A  Z  O  N  F  O  R
F  C  O  N  S  J  A  C  K  E  T  U
O  O  C  J  A  G  U  A  R  M  E  N
R  N  O  L  P  K  T  H  W  E  S  D
E  S  N  E  O  T  E  M  Y  F  H  E
S  E  C  A  L  G  H  C  B  R  X  R
T  R  O  P  I  C  A  L  R  O  E  S
F  V  E  R  W  N  E  F  T  H  S  T
L  E  R  N  O  S  R  I  O  K  V  O
O  H  N  P  E  A  C  A  T  Y  E  R
O  E  Y  E  S  P  I  D  E  R  R  Y
R  A  E  D  L  E  S  S  O  N  Y  A
```

Arctic Habitats: Life Near The Poles

In the Arctic, during the summer, there are nights when the sun never sets.

- ANARCTICA
- CARIBOU
- ICEBERG
- INUIT
- NORTH POLE

- PENGUINS
- POLAR BEAR
- SEAL
- WALRUS
- ZERO DEGREES

```
A  I  W  G  A  M  E  I  N  O  N  Z
N  N  A  H  E  R  Y  I  J  P  E  E
A  O  L  W  C  A  R  I  B  O  U  R
R  M  R  H  I  M  P  E  A  L  D  O
C  Y  U  T  N  E  R  A  N  A  A  D
T  P  S  O  H  N  T  C  O  R  Y  E
I  N  U  I  T  P  V  H  R  B  W  G
C  O  F  T  H  E  O  M  M  E  H  R
A  W  S  E  A  L  N  L  I  A  O  E
C  E  A  D  I  C  E  B  E  R  G  E
A  R  E  D  O  N  E  A  N  D  A  S
N  B  P  E  N  G  U  I  N  S  H  E
```

76

Life On The Savannah

The savanna contains the largest land animal, the elephant, and the tallest land animal, the giraffe.

- AFRICA
- ECOSYSTEM
- ELEPHANT
- FOREST
- GAZELLE

- GIRAFFE
- HYENA
- LION
- SAFARI
- ZEBRA

H	E	I	F	S	A	N	N	B	A	C	K
J	U	E	C	O	S	Y	S	T	E	M	N
S	S	L	O	C	R	D	O	B	A	L	A
A	T	E	N	H	K	E	I	S	T	A	C
F	S	P	A	E	C	A	S	R	T	I	E
A	P	H	M	Z	I	S	S	T	L	G	A
R	G	A	Z	E	L	L	E	N	I	A	F
I	O	N	B	B	C	A	U	R	O	S	R
T	S	T	E	R	S	E	A	T	N	H	I
O	S	S	H	A	O	F	U	L	D	I	C
D	E	S	E	B	F	T	R	U	S	T	A
A	D	H	Y	E	N	A	M	E	S	A	Y

Summer Is Here!

Summer extends for the whole months of June, July, and August in the Northern Hemisphere and the whole months of December, January, and February in the Southern Hemisphere.

- BEACH
- CAMPING
- CROPS
- HURRICANE
- LIGHTNING

- SOLISTICE
- SWIMMING
- THUNDER
- VACATION
- WILDFIRE

S	W	I	M	M	I	N	G	C	E	T	S
C	O	A	S	E	T	Q	U	A	D	A	X
A	N	L	C	R	O	P	S	M	I	H	V
B	T	N	I	T	H	E	H	P	S	O	L
E	N	B	N	S	W	E	R	I	T	S	I
A	V	A	C	A	T	I	O	N	O	T	G
C	O	S	H	O	U	I	L	G	R	H	H
H	T	B	E	B	V	R	C	D	Y	U	T
L	W	I	L	D	F	I	R	E	A	N	N
B	L	A	S	W	E	S	X	V	O	D	I
H	U	R	R	I	C	A	N	E	N	E	N
P	U	B	L	I	C	A	S	W	D	R	G

Winter Is Coming

Every winter, at least one septillion (that's the number 1 followed by 24 zeros) snowflakes fall from the sky.

- BELOW ZERO
- CRYSTALLINE
- DARKNESS
- FROZEN
- GUSTY

- HARSH
- ICY
- POLAR
- SNOW
- SOLISTICE

O	F	C	B	S	T	R	U	S	C	E	G
D	A	R	K	N	E	S	S	T	H	U	W
P	A	Y	O	W	A	S	S	H	S	T	A
E	E	S	R	Z	Y	M	T	T	N	I	S
I	L	T	N	O	E	C	Y	A	O	O	O
C	E	A	E	W	R	N	W	K	W	N	L
Y	H	L	D	N	D	G	D	E	D	O	I
R	Y	L	A	A	S	P	O	L	A	R	S
F	L	I	L	S	S	O	N	T	H	F	T
E	T	N	E	H	A	R	S	H	A	C	I
C	B	E	L	O	W	Z	E	R	O	A	C
P	R	O	G	R	A	M	W	E	C	G	E

79

Fall Has Arrived

Fall begins when the center of the sun crosses the Earth's equator. As the Earth continues its path around the sun, days become shorter and nights become longer.

- APPLE
- AUTUMN
- COOL
- CRANBERRY
- DECIDUOUS

- FOLIAGE
- HARVEST
- ORCHARD
- PUMPKIN
- THANKSGIVING

T	W	I	N	F	O	L	I	A	G	E	P
H	A	R	V	E	S	T	B	R	O	U	T
A	H	E	R	O	A	U	T	U	M	N	O
N	P	U	B	F	O	V	E	P	R	U	R
K	C	P	A	A	I	D	K	B	E	L	C
S	A	T	L	B	N	I	A	E	E	O	H
G	N	S	E	E	N	Q	S	F	O	L	A
I	H	A	V	A	D	S	I	L	G	N	R
V	C	R	A	N	B	E	R	R	Y	A	D
I	D	O	F	A	R	V	W	R	H	J	I
N	N	D	E	C	I	D	U	O	U	S	M
G	E	E	R	D	A	M	O	R	E	S	J

The Joys Of Spring

In spring, the Earth's axis is tilted toward the sun, increasing the number of daylight hours and bringing warmer weather.

- BLOSSOM
- EARTH DAY
- EQUINOX
- FLOWERS
- GROWTH

- MIGRATION
- PLANTING
- RAIN SHOWERS
- REBIRTH
- SPROUTING

```
R  Y  O  U  B  B  L  O  S  S  O  M
A  V  E  Q  U  I  N  O  X  I  T  A
I  E  Q  A  L  O  U  W  E  D  G  S
N  T  A  D  R  T  Y  G  E  R  R  C
S  P  R  O  U  T  I  N  G  C  O  P
H  Y  E  F  H  K  H  U  P  A  W  L
O  M  B  S  T  A  N  D  F  X  T  A
W  O  I  C  O  N  S  T  A  I  H  N
E  R  R  I  O  N  M  U  C  Y  U  T
R  T  T  F  F  L  O  W  E  R  S  I
S  H  H  H  U  B  E  R  H  F  Y  N
E  M  I  G  R  A  T  I  O  N  T  G
```

Answer Keys

1. Gravity Of The Matter

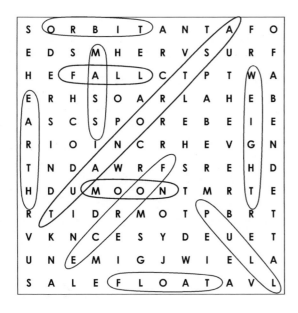

3. A Simple Machine

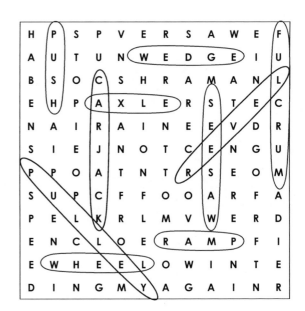

2. Magnetic Attraction

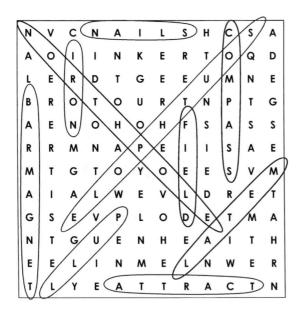

4. In Motion

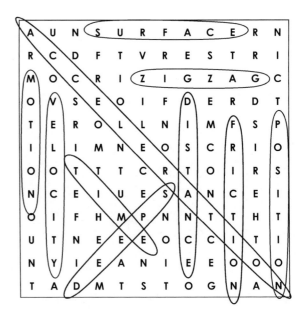

5. See The Light

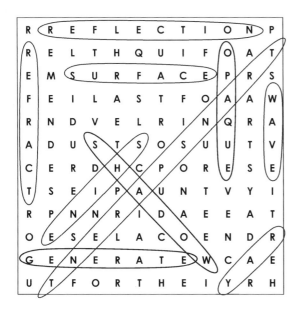

7. Feel The Heat

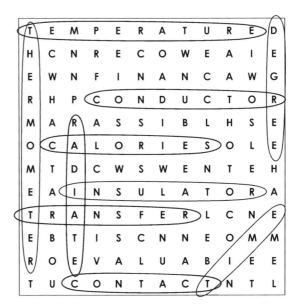

6. The State Of Matter

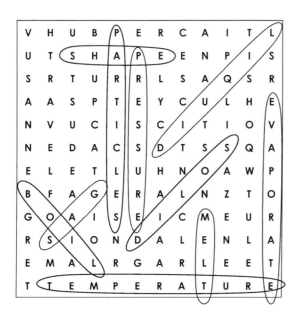

8. Sound Off

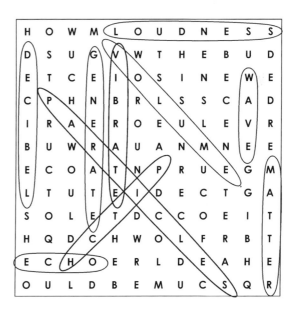

9. Does It Sink Or Float?

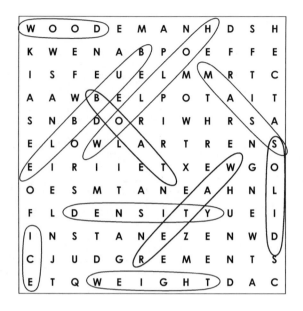

11. Classification: Everyone, Get In Your Groups!

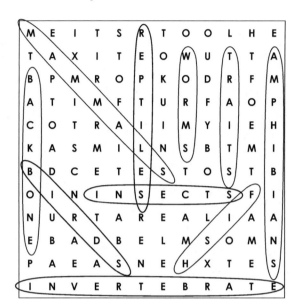

10. Cloaked In Camouflage

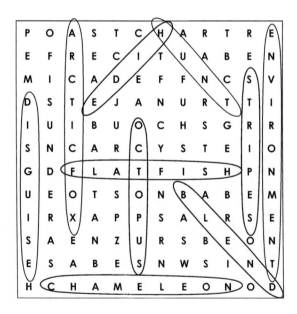

12. A Food Chain Reaction

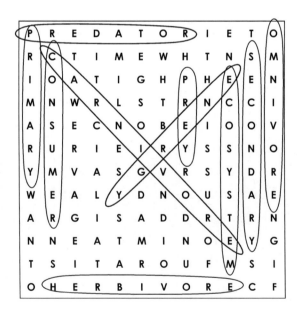

13. A Fine Kettle Of Fish!

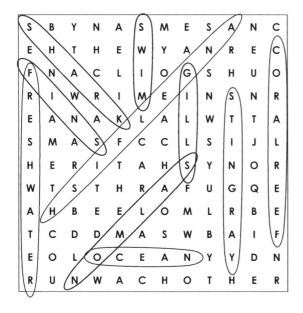

15. As Busy As A Hibernating Bear

14. It's Raining Frogs!

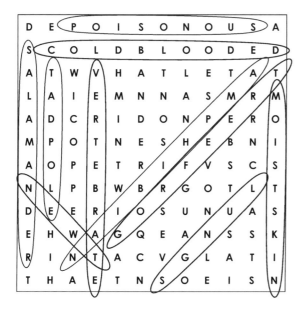

16. Mammals: Warm Bodies

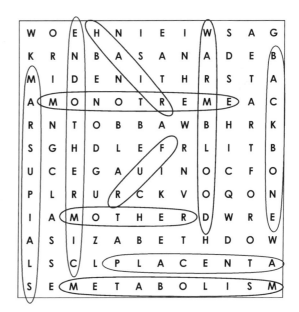

17. Migration: Anyone, Flying South?

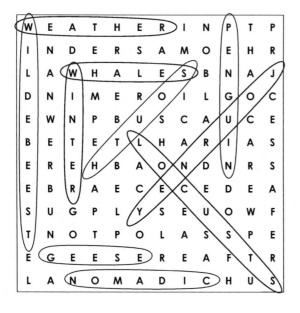

19. Float Like A Butterfly

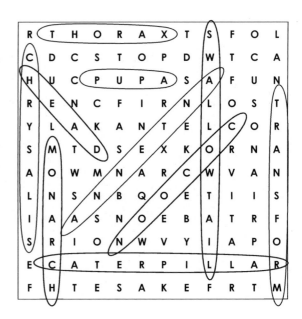

18. Making A Living (Or Non-Living)

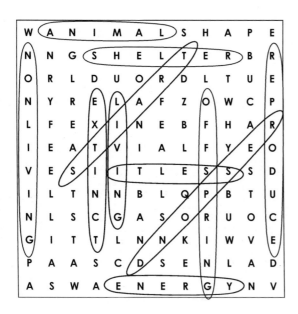

20. Ladybug: Lady Of The Garden

21. Busy Bee: A Honey Bee's Life

23. Seeing The Forest For The Trees

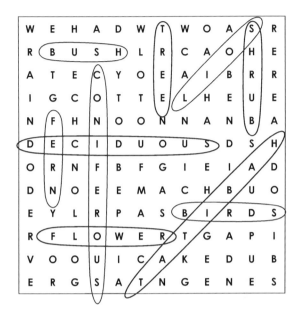

22. Insects: Stop Bugging Me!

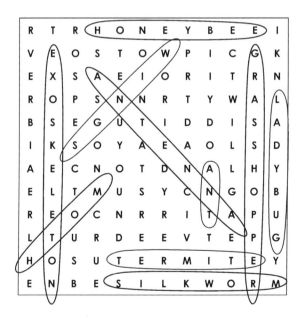

24. Planting Seeds

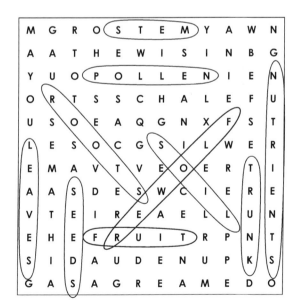

25. A Treasure Of Trees

27. Bearing Fruit

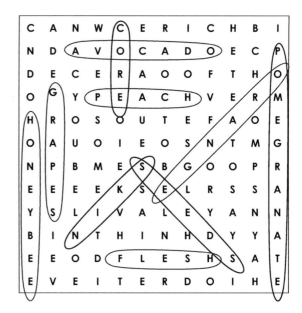

26. Fresh Flowers

28. On The Endangered And Extinct List

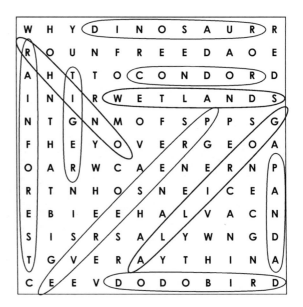

29. All Natural Resources

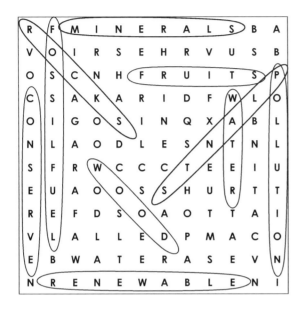

31. A Bundle Of Energy

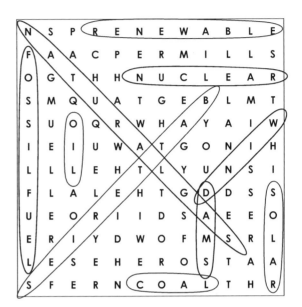

30. Reduce And Reuse

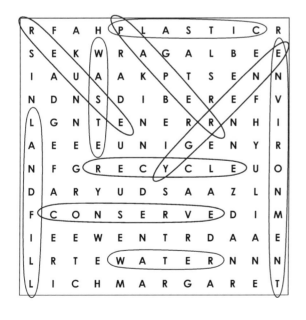

32. Continent Wide

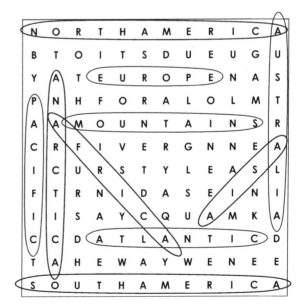

33. Earthquakes: Shaking In My Boots!

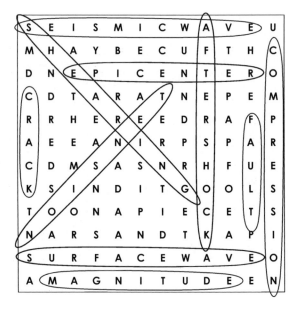

35. A Mountain To Climb

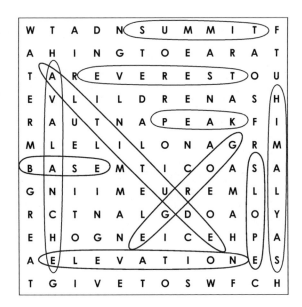

34. Fossil Hunting

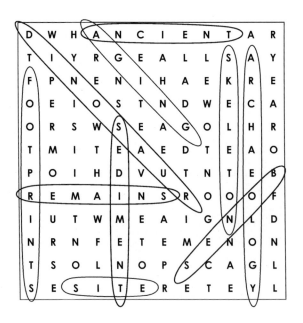

36. Solid As A Rock

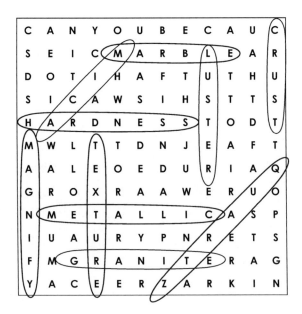

37. Soil: Getting Your Hands Dirty

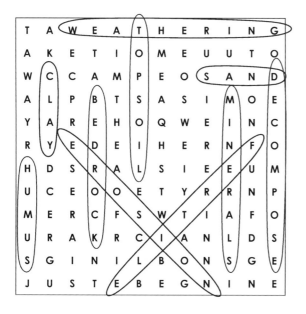

39. How On Earth

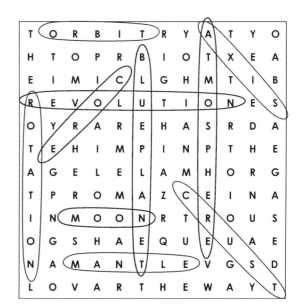

38. Volcanoes: Major Eruption

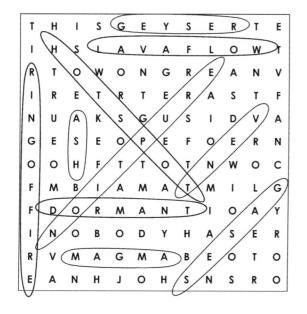

40. Precious Crystals

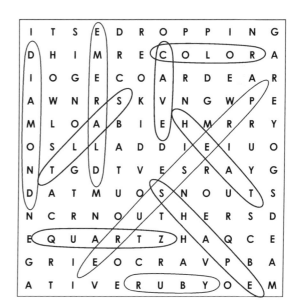

41. Water Cycle: Everything Old Is New Again

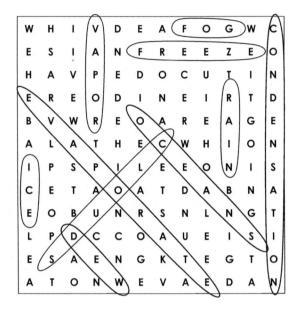

43. Love The Weather

42. Head In The Clouds

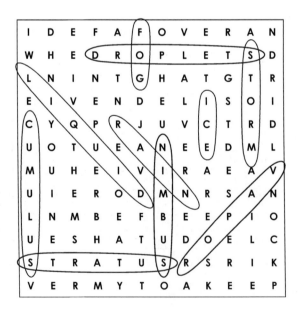

44. Weather The Storm

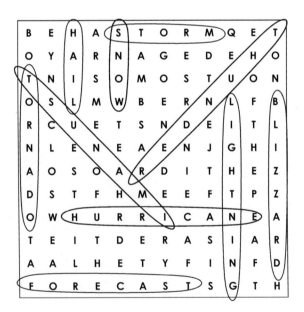

45. Climate Change: Keep Calm And Love The Earth

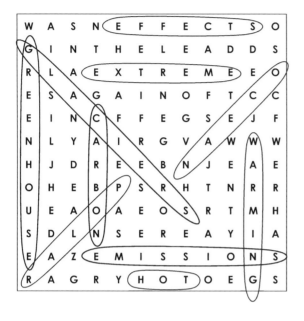

47. By The Light Of The Moon

46. Mission To Mars

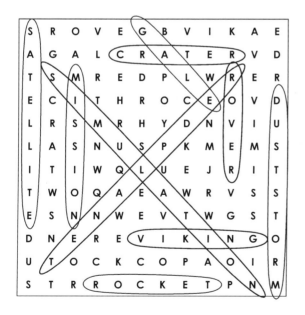

48. Our Solar System

49. Catch The Sun

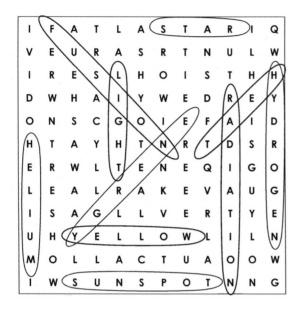

51. A Blazing Star

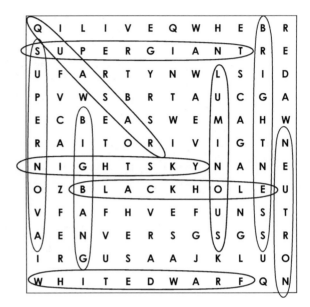

50. Space Missions: Aiming For The Stars

52. As Big As Jupiter

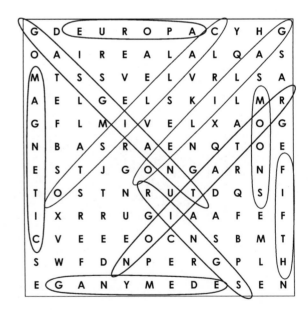

53. Galileo: Star Searcher

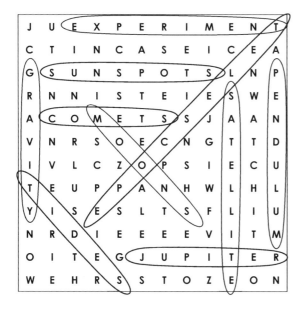

55. Engineering: Learning By Design

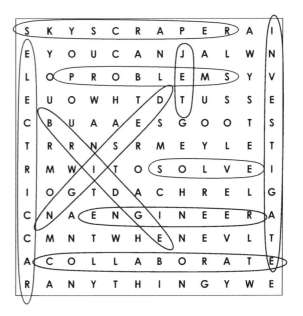

54. Newton's Apple

56. Careful Observations

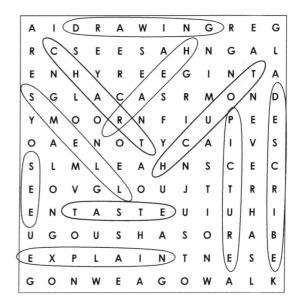

57. Science Tools For Learning

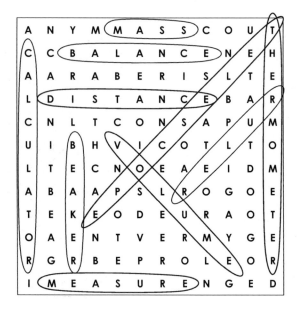

59. Fire Safety

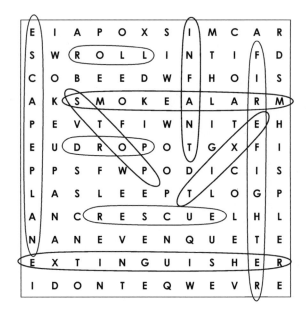

58. The Scientific Method

60. Car Safety

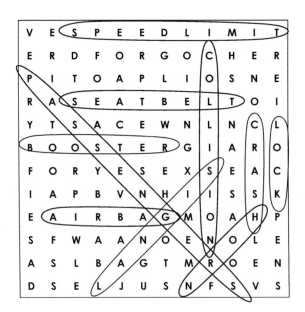

61. Boot Up Your Computer

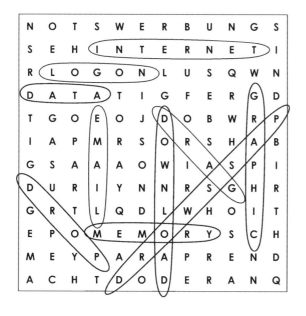

63. Nutrition: You Are What You Eat

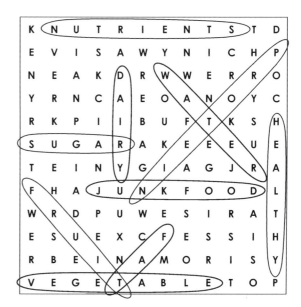

62. Robots

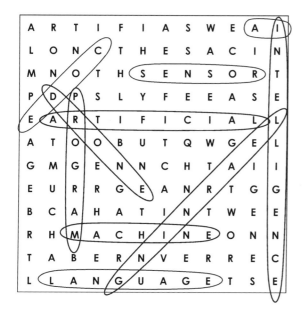

64. Digestion: Breaking Things Down

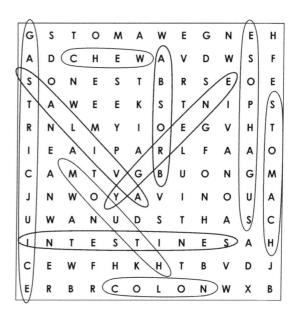

65. Exercise: Feeling Fit

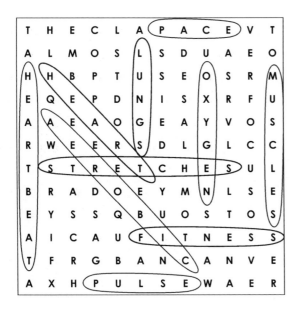

67. Circulatory System: It's Got Heart

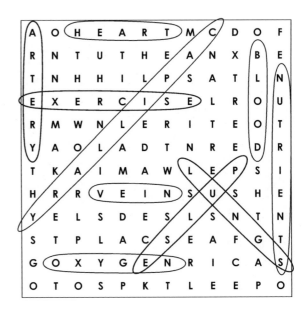

66. Nervous System: The Brain Connection

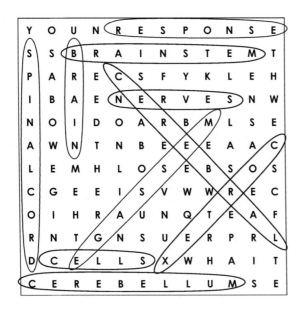

68. Use Your Senses!

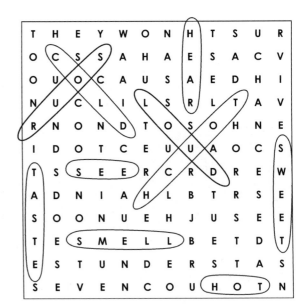

69. Skeletal System: Bone Deep

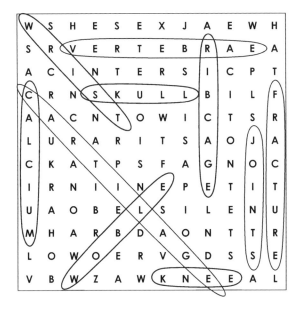

70. Muscular System: Flex Your Muscle

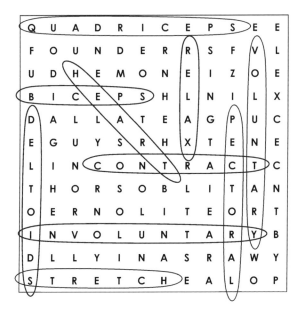

71. Deserts: Hot And Dry

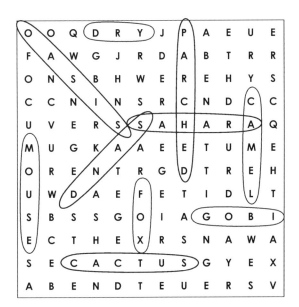

72. Get Your Fresh Water!

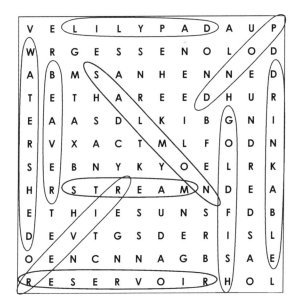

73. An Ocean Away

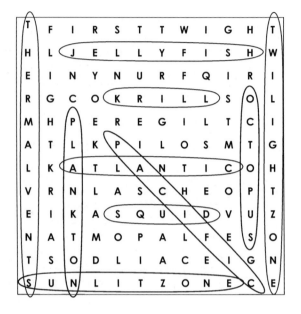

75. Arctic Habitats: Life Near The Poles

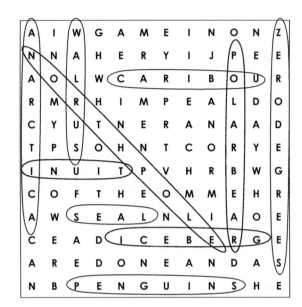

74. Rain Forests: Tropical Paradise

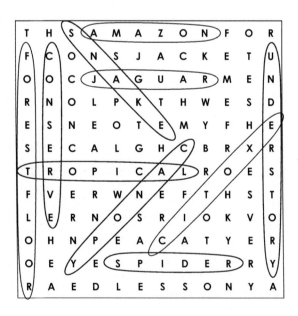

76. Life On The Savannah

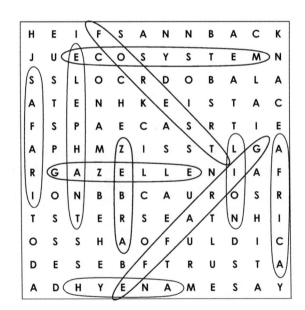

77. Summer Is Here!

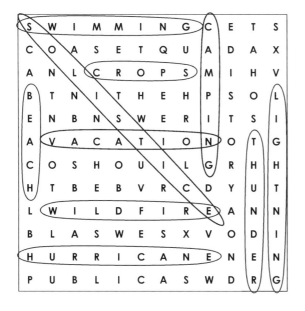

79. Fall Has Arrived

78. Winter Is Coming

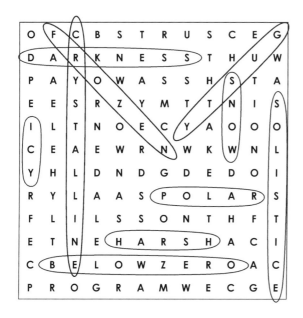

80. The Joys Of Spring

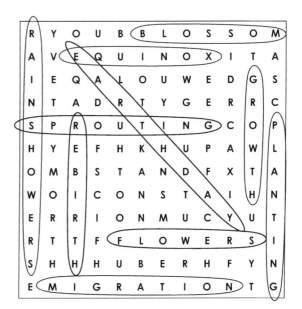

Also available:

Classichoice Math Series
Addition & Subtraction Under 10
Addition & Subtraction Under 20
Addition & Subtraction Under 50
Addition & Subtraction Under 100
Word Problems Under 20
Word Problems Under 100 (Addition & Subtraction)
Multiplication & Division Word Problems from 0-12
Fractions & Decimals Word Problems
Advanced Word Problems – Multiplication & Division
Wacky Word Problems Under 200 (Addition & Subtraction)
Advanced Word Problems – Addition & Subtraction
The Big Book of Word Problems for 1st Grade
The Big Book of Word Problems for 2nd Grade
Wacky Word Problems (Multiplication & Division)

Classichoice Handwriting Series
Handwriting Is Fun - Book 1
Handwriting Is Fun - Book 2
Handwriting Is Fun - Book 3
Handwriting Is Fun – With Math & Science
Handwriting Is Fun – In the Animal Kingdom
Handwriting Is Fun - With Family & Friends
Handwriting Is Fun - For the Christmas Season
Handwriting Is Fun - In the Fall
Handwriting Is Fun - In the Winter
Handwriting Is Fun - In the Spring
Handwriting Is Fun - In the Summer

Classichoice Word Search Series
Christmas Joy, Large Print
Christmas Joy
Love & Romance, Large Print
Treasures of Ireland, Large Print
Adventures in New York City, Large Print
Curious Kids' STEM Word Quest

Classichoice Vocabulary Series
Top 300 Sight Words, Book 1 of 2
Top 300 Sight Words, Book 2 of 2
600 Essential Kindergarten Words, Book 1 of 3
600 Essential Kindergarten Words, Book 2 of 3
600 Essential Kindergarten Words, Book 3 of 3
Math & Science Words For K-1
My Home & Friends Words For K-1
Animal World Words For K-1